El estilo HP

EL ESTILO HP

Cómo Bill Hewlett y yo creamos nuestra empresa

David Packard

DEUSTO

Única traducción autorizada al castellano de la obra *The HP Way. How Bill Hewlett and I built our company* publicado en lengua inglesa por la editorial Collins, una empresa de HarperCollins Publishers. Reservados todos los derechos. Queda prohibido reproducir parte alguna de esta publicación, cualquiera que sea el medio empleado, sin el permiso previo del editor.

© 1995 The Danid and Lucile Packard Foundation
© 2007 Ediciones Deusto
    Planeta DeAgostini Profesional y Formación, S.L.
    Av. Diagonal, 662 - 2.ª planta
    08034 Barcelona

Traducción: eurolink
Diseño de las tapas: paco•pepe comunicació

Composición: huella preimpresión
Impresión: Rotapapel

ISBN de la colección: 84-234-2468-5
ISBN de la obra: 84-234-2475-8
Depósito legal: M-36450-2006
Impreso en España

Este libro está dedicado a la memoria de Flora Hewlett y Lucile Packard.

Su constante ánimo y su participación activa en los primeros años de nuestra empresa fueron la génesis del estilo HP.

ÍNDICE

Agradecimientos 9

Prólogo por Jim Collins 11

Discurso de Dave Packard a los directivos de HP 17

Prólogo 27

Capítulo 1
    De Pueblo a Stanford 29

Capítulo 2
    La amistad con Hewlett 41

Capítulo 3
    El garaje se convirtió en nuestro taller 57

Capítulo 4
    Ganar más espacio 67

Capítulo 5
    De asociación a sociedad 83

Capítulo 6
    Crecimiento a partir del beneficio 99

Capítulo 7
    Compromiso con la innovación 107

Capítulo 8
    Escuchar a los clientes 121

Capítulo 9
    Confianza en las personas 135

Capítulo 10
    Desarrollar la empresa 147

Capítulo 11
    Dirigir la organización 157

Capítulo 12
    Responsabilidad social 167

Epílogo 189

Agradecimientos

Este libro lo han editado Dave Kirb y Karen Lewis, cuya ayuda ha sido muy valiosa.

Muchas otras personas me han ayudado, sin las cuales este libro nunca se hubiera escrito. Entre ellas, quiero agradecerles especialmente a Al Bagley, Bill Ferry, Dick Hackborn, Barney Oliver, Art Fong, Dick Were y a mi secretaria personal Gretchen Dennis, que me ayudaran a hacerlo realidad. También quiero agradecerle su ayuda a Margret Paull, mi secretaria de la empresa.

La precisión de los datos aquí recogidos se debe en gran parte a ellos; los errores son responsabilidad mía.

En la sección sobre mi participación como secretario delegado de Defensa de los Estados Unidos, sólo he incluido las actividades que suponían la aplicación del estilo HP en el Ministerio de Defensa y algunos cambios importantes en la dirección con el presidente y los jefes adjuntos.

Prólogo al HP Way
por Jim Collins

El 23 de agosto de 1937, dos ingenieros recién graduados se reunieron para considerar la idea de fundar una empresa. Pusieron sus ideas por escrito, empezando por una declaración general sobre diseño y fabricación de productos en el campo de la ingeniería eléctrica, seguido por una frase sorprendente: «La cuestión de qué fabricar se pospone…».

Más adelante sacaron ideas e hicieron una larga lista de posibilidades de productos. Consideraron amplificadores para fonógrafos, mandos para aire acondicionado, receptores de televisión, equipos de soldadura y sistemas de megafonía. Incluso consideraron equipo médico (insistiendo en alejarse del curanderismo). Siempre que se pudiera hacer una contribución técnica, cualquier producto era blanco legítimo para sacar a la compañía del garaje. En los meses que siguieron a la primera reunión los jóvenes ingenieros mantuvieron vivo su empuje inicial con diversos proyectos como una máquina que ayudaba a perder peso mediante una sacudida eléctrica. Finalmente dieron con el oscilador de audio y le vendieron ocho unidades a Walt Disney lo que reportó sus primeros ingresos sustanciales a la empresa.

En un curso de empresa en la Stanford Graduate School of Business a principios de los años 90, empecé la primera sesión leyendo las notas fundacionales de la reunión de 1937 disfrazando los nombres de los fundadores. Entonces reté a mis alumnos: «Califiquen esta puesta en marcha del 1 al 10 y anoten puntos los fuertes y débiles de su forma de abordarla.» La calificación media fue de alrededor de 3, mis estudiantes de MBA cateaban a los fundadores por falta de concentración, por falta de una gran idea, por falta de un mercado claro, por falta de casi todo lo que les haría aprobar un curso sobre plan de empresa. Entonces dije: «Un detalle más. Los nombres de los fundadores eran Bill Hewlett y David Packard.»

Los estudiantes se quedaron allí sentados en silencio. ¿Cómo podía ser? «Nos han enseñado que hace falta una idea clara de cómo crear ventaja competitiva, una gran idea para lanzar una empresa.»

«Tenían esa gran idea –la fuente última de ventaja competitiva– si se fijan ustedes», seguí. «¿Qué podría ser?» Después de unos diez o quince minutos, alguien formulaba la cuestión clave: el gran producto de Bill Hewlett y David Packarol no fue el oscilador de audio, la calculadora de bolsillo o el minicomputador. Su gran producto era la empresa Hewlett-Packard y su gran idea el estilo HP.

Este maravilloso libro que David Packarol escribió poco antes de morir, dibuja la historia de la empresa y el desarrollo del estilo HP. El estilo HP refleja los valores personales de Bill Hewlett y David Packarol, y la traducción de esos valores en un conjunto que engloba prácticas de operación, normas culturales y estrategias empresariales. No se trata de que cada empresa adopte necesariamente al pie de la letra el estilo HP sino de que Hewlett y Packard ejemplifican el poder de construir una empresa basándose en un marco de principios. La esencia del estilo HP consiste en cinco preceptos fundamentales. 1) La empresa HP existe sólo para hacer una contribución técnica y solo debe perseguir oportunidades que concuerden con estos fines; 2) La empresa HP se exige y exige a su personal un rendimiento superior –un crecimiento rentable es un medio para conseguir un éxito duradero y además es su medida; 3) La empresa HP cree que los mejores resultados proceden de tener el personal adecuado, confiar en él, darle libertad para encontrar el mejor camino para alcanzar sus objetivos y permitirle participar en las ganancias que sus trabajos hacen posible; 4) La empresa HP tiene la responsabilidad de contribuir directamente al bienestar de las comunidades en las que opera; 5) Integridad, punto.

Actualmente los principios del estilo HP se dan casi por descontado, pero cuando se formularon en su tiempo eran visionarios, radicales, incluso, para la época. En 1949 David Packard asistió a una reunión de líderes empresariales. Durante el transcurso del día, Packard se fue frustrando con la visión parroquiana y estrecha de miras de sus colegas de la alta dirección. Desde 1,98 metros de altura un Packard de 37 años defendía una opinión contraria: una empresa tiene más responsabilidad que producir beneficio para sus accionistas; tiene la responsabilidad de reconocer la dignidad de sus empleados como seres humanos y el bienestar de sus clientes y de la comunidad en general. Más tarde, en 1964, en la inauguración del curso en el Colorado College, reflexionaba: «Me sorprendió, me alarmó que nadie compartiera mi opinión. Aunque fueron razonablemente educados en su desacuerdo, estaba claro que creían firmemente que yo no era uno de ellos y que, evidentemente, no estaba preparado para dirigir una empresa importante.»

Hewlett y Packard rechazaron la idea de que una empresa existe meramente para maximizar los beneficios. «Creo que mucha gente piensa, equivocadamente, que las empresas existen simplemente para hacer dinero», ponderaba ante un grupo de directivos de HP el 8 de marzo de 1960. «Hacer dinero es un importante resultado de la labor de una empresa, pero para encontrar nuestra auténtica razón de ser tenemos que profundizar más.» Entonces puso la primera piedra del concepto del estilo HP: la contribución. Nos tenemos que preguntar si nuestros productos ofrecen algo único (una contribución técnica, un nivel de calidad, un problema resuelto) a nuestros clientes. Si las comunidades en las que operamos son más fuertes y las vidas de nuestros empleados mejores gracias a nosotros. Si la respuesta a algunas de estas preguntas fuera "no", Packard y Hewlett considerarían HP un fracaso, por mucho dinero que les reportara a sus accionistas.

La mayoría de empresarios se plantea la cuestión de "Cómo triunfar". Desde el primer día Packard y Hewlett se plantearon un reto diferente: "Cómo contribuir"; y así fue como HP alcanzó un éxito extraordinario. Este éxito les permitió invertir en contribuir, lo que a su vez aportó un mayor éxito, que produjo más contribución que trajo aún más éxito. Este círculo virtuoso permitió a Packard y Hewlett contribuir a unos niveles que nunca hubieran imaginado de jóvenes. En 1995 Packard asistió a una cena en la Universidad de Stanford donde el antiguo decano de Ingeniería Jim Gibbons le comentó que, según sus cálculos aproximados, él y Hewlett habían donado tanto, a valor actual, a la Universidad Stanford como Jane y Leland Stanford hicieron para fundarla. Como relataba Gibbons en el número de junio de 1996 de la revista de Stanford, Packard mostró algo que raramente se permitía: un momento de orgullo. Pero pasó rápidamente, y todo lo que dijo fue: «Muy interesante». Luego, al morir, Packard legó casi la totalidad de su patrimonio que consistía en 5.600 millones de dólares a una fundación sin ánimo de lucro.

Pero no vayan a pensar que David Packard y el estilo HP es sólo cuestión de altruismo y caridad. Packard y Hewlett exigían rendimiento, y si no lo producías, no tenías lugar en el estilo HP. En 1978 Bill Krause, entonces director de marketing de HP (que luego sería presidente de 3COM), hizo una exposición ante la alta dirección de la división de ordenadores sobre cuestiones de satisfacción del cliente. Ocho meses antes Krause había estado en el hospital durante meses tras un accidente de coche. Y Packard personalmente llamó a Krause para asegurarle que su puesto de trabajo le esperaba. Pero según narra Krause en el **San Jose Mercury News** del 27 de marzo de 1996, Packard mostró un lado mucho más duro cuando interrumpió a Krause que daba explicaciones sobre unos resultados que dejaban algo que desear. «La única meta aceptable es la total satisfacción del cliente» amonestó Packard. «Si no lleva la empresa a esa meta, seguro que podemos encontrar a alguien que lo haga.»

Allí encontramos el ADN oculto del estilo HP. El genio del "y". Hacer una contribución técnica y satisfacer las necesidades de los clientes. Cuidar del personal y exigir resultados. Establecer normas estrictas y permitir una gran flexibilidad operativa. Lograr crecimiento y rentabilidad. Limitar el crecimiento a entornos de clara contribución y crear nuevos escenarios de crecimiento mediante la innovación. No poner nunca en peligro la integridad y ganar siempre en los terrenos elegidos. Contribuir a la comunidad y proporcionar unos ingresos excepcionales a los accionistas. Tras estos detalles está la mayor "y" de todas, el principio que subyace tras todas las empresas verdaderamente grandes: mantener el foco y estimular el progreso.

Cualquier gran sociedad, ya sea una empresa, una universidad, una institución religiosa o una gran nación, ejemplifica esta dualidad de continuad y cambio. Por un lado se guía por un conjunto de valores fundamentales y objetivos que cambian poco con el tiempo, mientras que, por otra parte, estimula el progreso –el cambio, la mejora, la innovación, la renovación– en todo lo que no sea el núcleo de sus principios filosóficos. En una gran empresa los valores centrales siguen fijos mientras las prácticas operativas, las normas culturales, las estrategias, las tácticas, los procesos, las estructuras y los métodos cambian continuamente en respuesta a la realidad cambiante. Si perdemos nuestros valores centrales perdemos nuestra alma. Si no cambiamos nuestras prácticas, el mundo nos pasa de largo. Los que construyen las instituciones más icónicas y duraderas saben la diferencia entre lo que es realmente sagrado y lo que no lo es, entre lo que nunca hay que cambiar y lo que siempre tiene que estar abierto al cambio, entre "lo que representamos" y "cómo hacemos las cosas".

En la década de los 90 HP pasó un mal momento, en parte porque confundió sus prácticas operativas con sus valores fundamentales. La toma de decisiones "por consenso" no es un valor central de HP. "Un trabajo para toda la vida" no es un valor central de HP. "Basado en la ingeniería" no es un valor fundamental de HP. "MBWA" no es un valor central de HP. La gente empezó a creer que la cultura, las prácticas, las mismas tradiciones eran sagradas, cosa que, curiosamente, enturbiaba la esencia perdurable del estilo HP. Y mientras la empresa se debatía entre preservar los valores centrales y cambiar las prácticas culturales, se encontró superada por competidores más rápidos.

Luego, con el cambio de siglo, HP también cambió de rumbo, tomando un serie de decisiones incompatibles (a mi entender) con los preceptos fundamentales que habían hecho grande a la empresa en un principio. La compañía contrató a un carismático director ejecutivo y se embarcó en una costosa adquisición cuyo éxito dependía en gran parte de cuotas de mercado y de reducción de costes, no de una contribución técnica única. Todavía está por ver si la fusión HP-Compaq resulta ser un éxito, aunque la historia de fusiones similares pronostica pocas probabilidades. Incluso si HP, en contra de toda probabilidad, logrará alcanzar una rentabilidad financiera importante gracias a Compaq, no creo que David Packard estuviera muy contento con la situación de HP a principios de 2005.

Pero la prueba de fuego para una gran empresa no es la ausencia de dificultades, sino su habilidad para recuperarse de los reveses (incluso de las heridas autoinflingidas) y salir más fuerte que antes. Cualquier empresa puede caer de grande a buena si deja de cumplir sus principios fundamentales o si se niega a cambiar sus prácticas, pero del mismo modo, una empresa puede volver a ser grande volviendo a poner en marcha sus principios centrales con prácticas nuevas e imaginativas. ¿Volverá HP a ser grande de nuevo? No lo sé. ¿Puede volver a serlo? Por supuesto. Y la forma de hacerlo es abrazar de nuevo, no las formas, sino el espíritu perdurable del estilo HP.

Jim Collins
Bouder, Colorado
31 de mayo de 2005

Discurso de Dave Packard a los directivos de HP

Durante el corrosivo debate sobre la fusión con Compaq, la dirección de HP insiste en que están haciendo exactamente "lo que hubiera hecho David Packard". Como antídoto a esta dudosa clarividencia, en el **Wall Street Journal,** *de 15 de marzo de 2002, publiqué a página entera el maravilloso discurso que dio mi padre a un grupo de directores de HP en 1960. Las propias palabras de mi padre en el trabajo me parecen la mejor evidencia de su filosofía empresarial.*

Era un discurso informal, no pensado para publicarse. A sugerencia mía, Collins lo ha reproducido aquí exactamente como lo escribió mi padre.

David W. Pakcard
12 de julio de 2005

Me alegro de tener la oportunidad de reunirme con ustedes para hablar sobre cómo podemos hacer nuestro trabajo más eficientemente cada uno de nosotros, porque al ir creciendo la empresa creo que eso es fundamental para determinar si somos capaces de seguir creciendo y manteniendo una organización eficiente con su peculiar carácter que consideramos importante. Voy a hablar en general con el propósito de darles una idea de los objetivos generales. No entraré en muchos detalles porque eso lo harán otros.

En primer lugar quiero hablar sobre por qué existe una empresa. En otras palabras, por qué estamos aquí. Creo que mucha gente piensa, equivocadamente, que las empresas existen simplemente para hacer dinero. Hacer dinero es un importante resultado de la labor de una empresa, pero para encontrar nuestra auténtica razón de ser tenemos que profundizar más. Cuando lo investigamos, inevitablemente llegamos a la conclusión de que un grupo de personas se junta y existe como una entidad que podemos llamar empresa para poder lograr algo colectivamente que no podrían conseguir por separado. Pueden hacer algo que valga la pena –hacen una contribución a la sociedad (suena a tópico pero es fundamental). En los últimos años cada vez más empresarios han empezado a reconocerlo así y por fin se han dado cuenta de que ése es su verdadero objetivo. A nuestro alrededor tenemos todavía personas que sólo están interesadas en el dinero, pero el impulso surge en gran parte de un deseo de hacer algo –hacer un producto, dar un servicio– en general, hacer algo de valor.

De modo que teniendo esto presente hablemos sobre por qué existe la compañía HP. Creo que es obvio que Bill y yo, y algunos que trabajaron con nosotros en aquellos primeros tiempos, fundamos esta empresa porque creímos que podríamos diseñar y hacer instrumentos que todavía no existían en el mercado. Creo que nuestra compañía ha crecido con los años por esa misma razón. Trabajando juntos hemos sido capaces de proporcionarles a nuestros clientes, los técnicos, cosas mejores que las que conseguirían en cualquier otra parte. La auténtica razón de nuestra existencia es que proporcionamos algo que es único. Nuestra área particular de contribución está en diseñar, desarrollar y fabricar instrumentos electrónicos de medida. Las contribuciones que hace cualquier grupo de personas son, en cierto sentido, la suma de los mejores esfuerzos de cada individuo de la empresa y la suma de cada producto individual también. Así pues nuestra contribución se mide realmente por los instrumentos que cada uno de ustedes ha ayudado a hacer –los nuevos instrumentos diseñados por ingeniería para ayudar a la gente a tomar medidas más baratas y de manera más cómoda, precisa y eficiente. De modo que en el fondo aparece que nuestra razón de ser y la medida de nuestro éxito es lo bien que somos capaces de hacer nuestros productos.

Quizá les interese saber si lo logramos, cuál es nuestra posición en el terreno general. Muchos de ustedes conocen el resumen que hicimos de la reunión de Sonoma 1960 en la que realizamos algunos estudios y estimaciones sobre qué parte del mercado total en distintas áreas está cubierta por productos de la HPC. Lo desglosamos en numerosas clasificaciones de instrumentos y en el caso de muchos de ellos, como los contadores y generadores de señales, suministramos una parte importante del número total de estos instrumentos utilizados en este país. En el caso de los voltímetros electrónicos y de los osciladores de audio también es así. No tenemos una presencia tan importante en el mercado de algunos instrumentos que llevan poco tiempo en el terreno o de otros en los que nuestros rivales nos superan.

Creo que es muy interesante tener en cuenta que como resultado de estos estudios llegamos a la conclusión de que en las áreas en las que fabricamos instrumentos estamos suministrando alrededor de un tercio de las necesidades totales del país. Si se incluyen áreas en las que no competimos pero podríamos, seguimos suministrando alrededor de un sexto del total de las necesidades de este país. Pero también indica que tenemos una responsabilidad, porque estamos haciendo una contribución importante al esfuerzo técnico general de este país. Sus esfuerzos no sólo valen la pena sino que están ustedes haciendo algo significativo en términos del esfuerzo técnico total. Han visto fotografías de importantes trabajos científicos que se están llevando a cabo y en esas fotos hay instrumentos HP. Aquellos de ustedes que visitan los laboratorios de nuestros clientes ven que nuestros instrumentos se usan en trabajos muy importantes: el progreso de la ciencia, la defensa del país y muchas otras áreas. De modo que no olviden su responsabilidad.

Pero, ¿cómo encaja la persona individual en este panorama? Hemos visto que la compañía existe para hacer una contribución, no sólo para hacer dinero. Creo que podemos decir lo mismo de las personas de la empresa: cada una trabaja en parte por el dinero, claro, pero también tenemos que darnos cuenta de que la persona que está haciendo un trabajo que vale la pena trabaja porque siente que está realizando algo que vale la pena. Esto es importante en el trato con estas personas. Sabemos que la gente que trabaja con nosotros sólo por dinero no está haciendo ninguna contribución real. Quiero mostrar que la gente trabaja para hacer una contribución y lo hacen mejor cuando tiene un objetivo, cuando saben lo que están intentado conseguir y pueden usar sus capacidades en mayor medida. Ésta es una filosofía elemental que hemos discutido antes, Dirección por Objetivos frente a Dirección por Control.

En otras palabras, cuando hablamos sobre supervisión y gestión no estamos hablando de una organización al estilo militar donde un hombre arriba de todo dicta una orden que se pasa hacia abajo hasta que el hombre de abajo hace lo que se le ha dicho sin cuestionarlo (ni razonarlo). Éste es precisamente el tipo de organización que no queremos. Creemos que será más fácil lograr nuestros objetivos con gente que entienda lo que está intentado hacer y pueda utilizar sus propias habilidades para conseguirlo. He notado que cuando se asciende a alguien de un trabajo rutinario a uno de supervisión es muy probable que se deje llevar por la autoridad. Se hace la idea de que ahora su tarea es decirle a todo el mundo lo que tiene que hacer y a menudo esta actitud provoca malestar. Tenemos que darnos cuenta de que la supervisión no consiste en dar órdenes, sino en permitirles y facilitarles a los demás que usen sus capacidades eficiente y efectivamente. No quiero decir que no haya que dar órdenes, pero lo que se está buscando es otra cosa. Esta forma de ver las cosas requiere una comprensión de los objetivos de la compañía, que entonces hay que trasladar a objetivos de los departamentos y grupos y toda la organización.

Vamos a concretar los objetivos de la empresa. El primer objetivo es continuar en el terreno de los instrumentos electrónicos. No tenemos previsto entrar en otras áreas al menos en el futuro próximo. Estos instrumentos van a mantenernos en el campo científico, en los laboratorios de investigación y desarrollo. Nuestros instrumentos son muy importantes en los ensayos de producción para medir la calidad de los productos. También en el campo del mantenimiento cuando el producto está operativo es importante realizar mediciones para asegurarse de que el equipo funciona bien. Así pues, nuestros instrumentos se utilizan en tres áreas generales, Investigación y Desarrollo, Producción y Mantenimiento de Campo. Esto es una característica de la mayoría de nuestros instrumentos y en la mayoría de casos hemos intentado diseñar instrumentos de uso general, aunque algunos de nuestros productos sólo son útiles para usos muy específicos en áreas determinadas.

El otro objetivo que es complementario a éste e igualmente importante es intentar que todo lo que hagamos valga la pena. Cuando hacemos algo queremos hacerlo lo mejor que podemos. No aspiramos a tener una línea amplia de instrumentos sólo por tenerla, queremos diseñar y desarrollar, fabricar y vender los mejores instrumentos. El resultado lógico es que si concentramos nuestros esfuerzos en estas áreas y somos capaces de encontrar la mejor manera de hacer las cosas, lógicamente la línea de instrumentos de uso general que desarrollaremos será mejor.

Hay elementos importantes en cada fase de este proceso y desde luego son más importantes que la amplitud de la línea o el mercado total. Son los detalles del trabajo en concreto. En ingeniería hay dos criterios básicos que son fundamentales en la definición de lo que esperamos poder hacer. Cuando desarrollamos nuevos instrumentos esperamos que sean creativos en su diseño y que proporcionen mejores maneras de realizar una labor. Los instrumentos que nuestros ingenieros han desarrollado este último año nos proporcionan muchos ejemplos de ello.

El microamperímetro ajustable, el nuevo analizador de ondas y el analizador de espectro son diseños realmente creativos. Les proporcionan a las personas que los compran métodos para tomar medidas que antes de que existieran estos instrumentos no tenían a su alcance.

Pero el diseño creativo solo no es suficiente y nunca lo será. Para que se convierta en aparatos útiles tiene que prestarse una meticulosa atención al detalle. Los ingenieros lo saben. Ellos sitúan el instrumento en el lugar en que está casi listo y el trabajo está "medio" acabado. Lo mismo sirve en el otro extremo, en el proceso de fabricación. Tenemos que producir eficientemente para alcanzar nuestro eslogan de "calidad por poco dinero". El coste es una parte muy importante de nuestro objetivo en la fabricación, pero producir un instrumento de la manera más rápida no es satisfactorio a menos que al mismo tiempo cada detalle esté bien. La atención al detalle es tan importante en la fabricación como en la ingeniería. Ya saben, si mandamos un instrumento con un par de piezas sueltas no le dará muy buena impresión al cliente. Perderá confianza en nuestra organización. No hay excusa para ese tipo de desempeño, a ningún nivel, ni arriba, ni en medio, ni abajo. El que asciende a tener responsabilidades de supervisión tiene que encargarse de que todo su personal entienda lo que tiene que hacer y haga su trabajo meticulosamente.

Las ventas también se pueden analizar así. Siempre buscamos nuevas maneras de enfocar la venta, pero aquí de nuevo hay que prestar atención al detalle. Por supuesto no queremos venderle a un cliente algo que no quiere ni necesita. Pueden reír pero esto ha pasado, en otras compañías, no en la nuestra, por supuesto. También queremos asegurarnos de que cuando un instrumento se entrega realiza la función que el cliente espera de él.

La responsabilidad financiera es igualmente importante, aunque de naturaleza diferente. Es esencialmente una función de servicio, ver que generamos los recursos que nos permiten hacer nuestro trabajo.

Todo esto traducido significa que además de tener el objetivo de intentar hacer una contribución a nuestros clientes, tenemos que considerar nuestras responsabilidades en un sentido más amplio. Si nuestra principal idea es hacer dinero no prestaremos atención a estos detalles. Y si no prestamos atención a los detalles no haremos tanto dinero, porque ambas cuestiones van de la mano.

Bill y yo creemos que nuestra compañía tiene responsabilidades hacia nuestros empleados. No estamos interesados únicamente en hacer un mejor producto. Pensamos que al pedirles que trabajen para nosotros adquirimos una obligación. Éste es un punto importante, uno que quiero que todos ustedes transmitan a todos los empleados. Nuestra primera obligación, que es evidente tras lo que acabo de decir, es que sepan que están haciendo algo que vale la pena. Tenemos que proporcionar un medio para comunicarles a nuestros empleados que están haciendo un buen trabajo. Ustedes, como supervisores deben transmitirlo a sus grupos. No sólo den ordenes, denle la oportunidad a su personal de hacer algo importante. Anímenlo.

Con los años hemos desarrollado la política de que es importante que el supervisor conozca detalladamente y entienda el trabajo de su grupo. En las esferas de la alta dirección se lleva años discutiendo sobre este tema. Algunos dicen que se puede ser un buen director sin tener la mínima idea de lo que está dirigiendo, que lo que importa son las técnicas de la dirección. Hay muchas organizaciones que pueden funcionar así. No digo que no se pueda hacer así, lo que digo es que se puede hacer mucho mejor cuando el director o supervisor tiene verdadera comprensión del trabajo de su grupo. No veo cómo puede nadie saber qué estándar es el adecuado o qué rendimiento el necesario a menos que comprenda con cierto grado de detalle la naturaleza específica del trabajo que está intentando supervisar. Nosotros nos hemos mantenido fieles a esta filosofía y pensamos seguir haciéndolo. Esperamos que ustedes los supervisores aprendan técnicas de supervisión y se mantengan al día. Quiero recalcar que supervisarán mejor si saben mucho sobre el trabajo que tienen entre manos y además conocen las técnicas de supervisión.

Quiero mencionar otros aspectos de su trabajo que son importantes. Como supervisores se espera de ustedes que tengan un comportamiento ejemplar. Esto es tan evidente que no habría que mencionarlo, pero el ejemplo que dan ustedes es importante y voy a mencionar alguno temas concreto que hay que tener presentes. La tolerancia es tremendamente importante. Sin ser tolerante con el personal bajo nuestra responsabilidad, no se puede ser un buen supervisor. Hay que ser comprensivo, comprender las pequeñas cosas que afectan a las personas. Hay que tener sentido de la justicia y hay que saber qué es razonable esperar de cada uno. Hay que tener unas buenas normas para el grupo pero hay que hacerlas cumplir con justicia y comprensión.

Siempre hemos considerado que tenemos una responsabilidad con nuestros empleados planificando la producción de modo que podamos asegurar continuidad en el trabajo. No queremos funcionar a base de contrataciones y despidos continuos. Esto plantea serias consideraciones. Estamos forzados siempre a encontrar la manera más eficiente de hacer las cosas y a veces parece que la manera más eficiente sea contratar a un grupo de personas que trabajen lo más duramente posible y cuando se acabe el trabajo mandarlos a casa. Pues aunque sea el modo más eficiente, nunca hemos operado de esta manera. Bill y yo no creemos que ésta sea la mejor manera de operar para una empresa como la nuestra. Tenemos unos requisitos muy rígidos que mantener en competencia técnica y en la calidad de nuestros equipos. Esto exige que tengamos personal cualificado en todo momento. De modo que creemos que nuestra responsabilidad es proporcionar oportunidad y seguridad del puesto de trabajo. Por eso a veces pedimos que trabajen horas extras para cumplir con los clientes antes que contratar a más personal. En un sentido esto es una imposición a nuestros empleados, pero en general parece aceptable y creemos que es preferible a la opción los contratos temporales. Esto es algo que ustedes como supervisores deben comprender.

Siempre que hablamos de los objetivos generales de la empresa mencionamos nuestra responsabilidad con la comunidad en general. Esa clase de cosas que proporcionan las instituciones de nuestra comunidad, el sentido general de los valores morales, el carácter general de las personas que procede de las escuelas, las iglesias y otras instituciones; esa clase de cosas las aceptamos y son muy importantes en el funcionamiento de una organización como ésta. Tendemos a aceptarlas sin más, pero si consideramos estas cuestiones más seriamente vemos que si esa clase de cosas no existiera, tendría un efecto grave en nuestra capacidad para hacer nuestra labor. Por eso tenemos una responsabilidad como empresa y como personas de contribuir a estas actividades. Todos ustedes saben que Hewlett-Packard contribuye como empresa a muchas de estas instituciones y animamos a nuestro personal a participar –sin definir quién debe hacer qué–, pero dejándolo a su libre elección.

Por último, quiero decir que he mencionado nuestros objetivos primarios pero ninguno de ellos puede lograrse si la empresa no tiene beneficios. El beneficio es la medida de nuestra contribución a nuestros clientes, es una medida de lo que nuestros clientes están dispuestos a pagarnos por encima del coste de los instrumentos. Sólo en la medida en que podamos hacer algo que valga la pena, proporcionarle más al cliente, nos pagará, año tras año, lo suficiente para que nos quede algo. De modo que el beneficio es la medida de lo bien que trabajamos juntos. Es realmente la medida definitiva porque si no podemos hacer cosas para que los clientes nos paguen, nuestro trabajo es fútil.

Además, el margen que tenemos, lo que queda después de pagar el material, la mano de obra, los gastos fijos, etc. es la fuente de nuestro capital para el crecimiento. Las instalaciones y edificios nuevos y mejores equipos en general fortalecen nuestra posición para hacer un buen trabajo.

Nuestros objetivos son tremendamente vitales, y su trabajo es ayudarnos a trasladarlos a todos nuestros empleados.

8 de marzo de 1960

Prólogo

En el otoño de 1930 salí de Pueblo, mi ciudad natal de Colorado, para matricularme en la Universidad de Stanford. Allí conocí a otro estudiante de primer año, Bill Hewlett.

En aquellos días, el estudiante que planeaba hacer una carrera en un campo técnico, podía incluir ciencias y matemáticas en los dos primeros años de estudios generales. Yo había decidido que quería ser ingeniero eléctrico y Bill pensó que le interesaría la medicina o la ingeniería, de modo que ambos coincidimos en muchas clases durante nuestros primeros cursos. Para cuando acabamos los estudios éramos buenos amigos.

Por toda una serie de circunstancias que describiré en las páginas siguientes, Bill y yo nos hicimos buenos amigos y decidí que empezaríamos nuestro propio negocio cuando nos graduáramos. En realidad lo empezamos unos años más tarde, en 1939.

Durante los primeros años de dirigir la empresa Hewlett-Packard, Bill y yo desarrollamos una forma de hacer las cosas, un estilo de gestión, que tenía ciertas características poco comunes en la dirección de aquellos días. Es lo que se ha llegado a conocer como el estilo HP.

Este libro es la historia de Bill Hewlett y yo y la Hewlett-Packard Company, que pasamos nuestras vidas construyendo y haciendo funcionar.

Capítulo 1
De Pueblo a Stanford

Al hacernos mayores tenemos la oportunidad de mirar atrás y ver cómo, durante años, ciertos acontecimientos que no parecieron importantes en su día, han ido dándole forma a nuestro negocio o a nuestra carrera profesional.

En mi caso hay dos grande acontecimientos. Uno tuvo lugar en 1929, cuando hice una visita a la Universidad de Stanford. Fue esa toma de contacto la que me llevó a matricularme en esa Universidad. El segundo acontecimiento, relacionado con el primero, fue conocer al profesor Fred Terman en Stanford. Fue Fred quien despertó mi interés por la electrónica y quien posteriormente nos alentó y ayudó a Bill Hewlett y a mí a entrar en el negocio por nuestra cuenta. Su interés en nosotros y fe en nuestro talento, teniendo en cuenta nuestra juventud y estando en medio de la Gran Depresión, nos dio confianza y nos ayudó a encauzarnos.

Yo nací en Pueblo, Colorado, en 1912. Mi padre era abogado y mi madre profesora de instituto. Se conocieron en la Universidad de Colorado, en Colorado Springs, y una vez casados se mudaron a Pueblo, hogar de mi padre. Mi hermana pequeña, Ann Louise, nació en 1925.

En 1912 Pueblo parecía menos una comunidad agrícola del centro de los Estados Unidos que cualquier ciudad o pueblo fronterizo del Oeste. Había una acería y varias fundiciones que fundían mineral procedente de Leadville y de otras minas del oeste de las montañas Rocosas. Pueblo era duro y violento, con trabajadores inmigrantes, algunos gansters, y muchos burdeles y salones. Las peleas en la calle y los tiroteos eran frecuentes.

Nosotros vivíamos en el norte de la ciudad, justo al lado de la pradera. Saliendo de casa y cruzando la calle, encontraba tipos de sapos que hoy en día están prácticamente extinguidos, y cebollas silvestres y cactus que a menudo servían de refugio a serpientes de cascabel.

Mirando al norte por la pradera se podía ver Pikes Peak, que estaba a unas 50 millas de Pueblo, y a unas 30 al oeste se podía ver Wet Mountain Range. Yo pasaba muchas horas vagando por la pradera, unas veces con amigos y otras solo, hasta mis años de instituto, cuando los estudios y las actividades escolares ocupaban la mayoría de mi tiempo. Pero de estos paseos tempranos nació mi amor a la naturaleza.

Uno de mis primeros recuerdos de Pueblo fue la gran inundación de 1921. Recuerdo ir al centro con mi padre y ver cuatro pies de barro. Otro recuerdo memorable fue ver un vagón de tren empotrado en la ventana del segundo piso de uno de los edificios principales. Una flota de furgones de tracción integral de la Armada vino a sacar de la ciudad el lodo y los escombros y los dejaron en la pradera a más o menos una milla de nuestra casa. Algunos chicos de nuestra vecindad fuimos a rebuscar entre el lodo, intrigados por la posibilidad de encontrar algo de valor. Pero no recuerdo haber encontrado nada interesante.

Nuestra casa de Pueblo estaba situada en la esquina de la Twenty-ninth Street con High Street. La casa estaba apartada de la calle lo que permitía tener un gran jardín. Este jardín estaba dividido en dos partes aproximadamente iguales separadas por una hilera de

Dave Packard con su madre, Ella, en el jardín de Pueblo, Colorado, 1922.

lilas. En la parte de delante había un cenador de rosas, un lecho de peonías, y el resto cubierto de césped. En la parte de detrás había algunos árboles frutales, un huerto y una piscina cercana a un jardín silvestre.

A mi padre no e interesaba la jardinería, por lo que todo el jardín era obra de mi madre. Yo empecé a ayudarla cuando era bastante joven y la jardinería se convirtió en un interés que perduraría en mí toda la vida. La encontré una actividad recreativa excelente, capaz de absorberle a uno y hacer que se olvide al instante de los problemas del mundo exterior. De mayor, siempre que he vivido en un sitio cierto tiempo he tenido jardín, y ahora que estoy retirado, disfruto dedicándole más tiempo a la jardinería. También tengo ávido interés en la agricultura y la cría de animales.

Primeros experimentos

Ya de muy joven tenía ciertas aptitudes para la ciencia y las matemáticas, y mis padres no intentaron disuadirme; pasé muchas horas acurrucado leyendo la World Book Encyclopedia de la familia estudiando cada definición relacionada con las ciencias naturales. También hice mis propios experimentos. Recuerdo que cuando era bastante joven me emocionaba mirando ilustraciones de vías de tren, puentes, motores, generadores y otros aparatos mecánicos y electrónicos. Intenté simular alguno de estos aparatos a escala en nuestro jardín trasero. Lloyd Penrose era un chico más mayor que vivía en el callejón justo detrás de nuestra casa. Como su madre y hermana tenían tuberculosis trabajaba por las tardes en un parque de atracciones al otro lado de la ciudad para ayudarlas y también me ayudaba con mis maquetas y aparatos; nos hicimos buenos amigos. Más tarde, cuando no pudo permitirse ir a la universidad, se alistó en la Marina y mantuvimos el contacto muchos años.

También me interesaban los explosivos. Mis amigos y yo hicimos pólvora con nitrato de amonio en vez de con nitrato de sodio, que era el que se usaba comúnmente. El nitrato de amonio era más activo. También hicimos yoduro de amonio disolviendo cristales de yodo en amoníaco. Luego separamos el yoduro de amonio con un filtro de papel que una vez seco explotaba con sólo tocarlo.

A más o menos una milla de nuestra casa había una cantera donde guardaban la pólvora en bidones de cinco galones. Nos dimos cuenta de que en cada bidón vacío dejaban una cucharada o dos de explosivo en polvo, lo cual fue una nueva fuente de aprovisionamiento para nosotros.

Jugar con explosivos era un pasatiempo peligroso, como aprendí con el tiempo. Una vez, mientras aguantaba un tubo de cobre lleno de explosivo en polvo con mi mano izquierda y aporreaba el tubo cerrado con un martillo que tenía en la derecha, ¡el tubo explotó! Lloyd estaba conmigo, me envolvió la mano sangrante con un trozo de tela y fuimos a la consulta del doctor Wise para que me la cosiese. No era un gran cirujano, y he vivido con el pulgar de la mano izquierda deformado desde entonces. No hay ni qué decir que eso puso punto y final a mis experimentos con explosivos.

La radio era otra cosa que me interesaba. Recuerdo mi primer tubo de vacío. Lo conecté a un condensador variable, a una bobina, a una rejilla de plomo, a una batería positiva y a otra negativa, y a unos auriculares en la mesa del comedor. Fue muy emocionante vernos a mi familia y a mi haciendo turnos para escuchar la WHO, de Des Moines, Iowa, a unas asombrosas 600 millas de Pueblo. Monté un tubo de vacío receptor de radio bastante sofisticado a los doce años.

Radio 9DRV, la emisora de radioaficionado de Dave Packard en Pueblo, 1928.

Cuando entré al instituto Centennial era ya un operador de radio competente y me hice secretario del Club de Radio Santa Isabel. Esto, a su vez, me permitió asistir a la convención estatal de radioaficionados de Denver.

Mi padre no era aficionado a la pesca, pero yo tenía un amigo, Wendell Spear, que iba de pesca con su familia dos semanas cada verano a la zona de Gunnison River. Me llevaron con ellos varias veces. De este modo mi afición por la pesca de truchas nació cuando tenía diez años. En esa época el límite diario de pesca de truchas era de 50. Y no nos resultaba difícil llegar a dicho límite. Todavía puedo recordar lo tedioso que resultaba el camino de varias millas de vuelta al campamento con la nasa llena de peces. Los Spear llevaban consigo unos barriles de madera para salar las truchas y conservarlas para invierno. Cada noche colgábamos los peces en una cuerda para secarlos y, por la mañana una vez secos, meterlos en los barriles; una capa de peces y otra de sal hasta llenar el barril. Cuando se abrían los barriles en invierno difícilmente se podía diferenciar entre la sal y el pescado. Hubiese sido mucho mejor ahumar el pescado pero nadie sabía hacerlo. Cuando iba al instituto, unos amigos y yo solíamos ir a pescar una o dos semanas en verano pero dejamos de salar la pesca.

Cuando tenía once años mi padre me compró un pony llamado **Laddie**. Era un semental bastante grande y lleno de energía. Le puse la silla por la mañana y una vez montado se encabritó. Entonces mi padre le dio con una escoba en las ancas y salió galopando calle arriba hacia la pradera. Encontró una zona con alfalfas, y corrió hacia ella a toda velocidad, una vez allí plantó sus patas delanteras para frenar y se puso a comer. Yo salí volando por encima de su cabeza y aterricé en el suelo. Conocía todos los trucos para zafarse de su jinete, como cabalgar junto a una alambrada de púas para rascarle. Pero mi padre no me dejó abandonar, y al final el animal y yo nos hicimos buenos amigos. Lo solía sacar por la pradera a cazar. En una de las últimas veces que recuerdo haberlo montado, íbamos corriendo a

Dave Packard sujeta las riendas de **Laddie** *para su hermana Ann Louise, 1928.*

toda velocidad por la pradera cuando pisó en un agujero hecho por un perro y ambos nos fuimos al suelo. Afortunadamente, ni él ni yo nos rompimos la pierna. Fue una forma dura de aprender a montar a un caballo, pero a lo largo de los años he montado mucho y por sitios muy duros. En mi último año de colegio primario empecé a tomar clases de violín. Me gustaban bastante pero no practicaba lo suficiente porque siempre había otras cosas que hacer que parecían tener más importancia. Mi padre tenía un amigo soltero, Mr. Pope, que también tocaba el violín. Solía venir los domingos por la tarde y mi madre, que tocaba el piano, él y yo, tocábamos juntos durante una hora o dos.

Durante mi primer año de instituto toqué como segundo violín en la orquesta y la tuba en la banda. Siempre me ha gustado la música, pero nunca he estado el tiempo suficiente practicando con un instrumento como para ser un buen músico.

El instituto Centennial

Centennial tenía el programa académico tradicional de un instituto de secundaria. Nuestra tutora de clase era Miss Melchor, la profesora de latín. Tuve que trabajar duro en latín pero las matemáticas y las ciencias no me costaron porque sabía tanto como los profesores. Fui elegido delegado de clase los cuatro años.

En mi tercer año empecé a involucrarme en los deportes y en mi último año de instituto teníamos equipos en el campeonato de baloncesto, fútbol americano y atletismo. En el torneo estatal de baloncesto de institutos perdimos la final contra un equipo de un pequeño pueblo del este de Colorado llamado Joes. Yo fui seleccionado mejor pívot estatal del año.

En los campeonatos estatales de atletismo gané el salto de altura, el salto de longitud, los dos tipos de carreras de vallas que había y el lanzamiento de disco, donde establecí un nuevo récord de los campeonatos estatales. El gran vallista de la Universidad de Colorado, Gordon Allott, estaba de becario en el despacho de mi padre y me brindó una ayuda excelente. Posteriormente fue elegido senador de los Estados Unidos y ayudó mucho a nuestra empresa mientras estuvo en el cargo.

Me encantaba el atletismo y aprendí ciertas lecciones que luego me fueron útiles a la hora de dirigir Hewlett-Packard. Recuerdo particularmente a un tal Mr. Porter, que se interesaba personalmente por los atletas de Pueblo tanto de primaria como de secundaria. Él decía que muchas veces dos equipos que luchan por un campeonato tienen el mismo potencial humano, y en estas situaciones el trabajo en equipo cobra vital importancia, especialmente en las décimas de segundo decisivas, donde el equipo con mayor voluntad de ganar es el que se impone.

Siempre he recordado esta frase, y ha sido un principio básico a la hora de desarrollar y dirigir HP. Encontrar a los mejores, enfatizar la importancia del juego en equipo y motivarlos para ganar el partido.

La Universidad de Stanford

En el verano de 1929, entre mi tercer y cuarto año de instituto, mi madre, mi hermana y yo fuimos a California. Estuvimos varias semanas en Hermosa Beach, cerca de Los Angeles, y luego visitamos a la familia Neff en Palo Alto. También visitamos Monterrey y Pacific Grove. La señora Neff había sido compañera de clase de mi madre en la Universidad de Colorado, y su hija mayor, Alice, acababa de finalizar su primer año en Stanford. Alice me dio una vuelta por el campus de Stanford. Aunque no supiese nada sobre la Universidad, quedé impresionado por la visita y me enteré de que Stanford tenía un excelente programa de ingeniería eléctrica. En la primavera de 1930 hice la solicitud de entrada. Pese a que mi padre quería que le siguiese y estudiase derecho, ya en mis años de escuela primaria había decidido que quería ser ingeniero. Y dado mi interés por la radio y demás aparatos eléctricos elegí ingeniería eléctrica.

La admisión en Stanford

La Universidad de Colorado, en Boulder, tenía un buen programa de ingeniería eléctrica en aquella época, y algunos de mis amigos mayores que yo ya estudiaban allí por lo que tenía asumido que era allí donde iría, pero al visitar Stanford cambié de parecer, y para mi sorpresa, mi solicitud fue aceptada. La matrícula costaba 114 dólares el trimestre, cosa que no era una cifra pequeña para esos tiempos, en medio de la depresión. Pero mi padre había sido nombrado tasador de quiebras en 1929, con lo cual mis padres pudieron pagarme parte de la matrícula y yo me pagué el resto trabajando.

En mis años como universitario en Stanford estuve muy ocupado. Además de mis estudios competía en eventos deportivos. Como estudiante de primer año obtuve distinciones en fútbol americano, baloncesto y atletismo, y establecí el récord de puntos anotados por un estudiante de primer año en un partido contra nuestro archirrival, la Universidad de California. Pero decidí no seguir con el atletismo porque le robaba demasiado tiempo a mis estudios, y había ido a Stanford a estudiar no a hacerme atleta. Recuerdo que al entrenador del equipo de la Universidad, Dink Templeton, le disgustó mucho mi decisión.

El fútbol americano no era el deporte que mejor jugaba, pero había tanta presión que continué jugándolo hasta el último año.

Esta experiencia reforzó mi idea de cómo crear un equipo ganador.

Durante mi permanencia Stanford volvía cada año a Pueblo a pasar el verano y me buscaba un trabajo. Mi padre no insistía en que yo tuviera que ayudar a pagar mi carrera, pero yo creía firmemente que sí, y además me gustaba tener cosas que hacer.

Pasé un verano con un minero cerca de la carretera que iba a Cripple Creek, el centro neurálgico del oro de Colorado. Perforábamos las rocas a mano con un martillo y una escarpa. El minero ponía la dinamita con una mecha, y tras la explosión yo recogía la roca caída con una carretilla. El minero mandaba muestras a analizar, pero el valor de éstas nunca llegó a los 4 dólares la tonelada, lo que hubiese hecho la mina rentable. El precio del oro había sido marcado a 16 dólares la onza por el presidente Roosevelt. A precio actual la mina probablemente hubiese sido rentable.

Otro verano encontré un trabajo mejor pagado en un almacén de venta de ladrillos en Pueblo. Mi labor consistía en cargar y vaciar los hornos. Se tenía que sacar los ladrillos de los hornos una vez estaban lo suficientemente fríos como para poder manipularlos con unos guantes gruesos. A mediodía la temperatura exterior solía alcanzar los 100 grados o más. Era un trabajo duro que merecía estar mejor pagado.

También trabajé en un empresa de construcción, haciendo una carretera por Wolf Creek Pass, en la zona suroeste de Colorado. Éste también fue un trabajo duro, pero tenía la compensación de una horita de buena pes-

Dave Packard de extremo en el equipo de fútbol de Stanford, 1934.

ca después de comer. Lo bien que conocía esa parte del estado nos animó a Bill Hewlett y a mí a hacer un largo viaje de mochileros por el río Los Pinos en el verano de 1934 tras graduarnos en Stanford.

En otro verano trabajé repartiendo hielo en Bessemer, una zona de Pueblo. Cogí varias toneladas de hielo de un coche frigorífico que venía de Salida, donde el hielo se había cortado y almacenado durante el invierno. El hielo estaba cortado en grandes bloques por lo que yo tenía que cortarlo en piezas más pequeñas para mis clientes. Era aproximadamente un año antes de la revocación de la Ley Seca, y mis clientes más importantes eran los antros donde se bebía cerveza frecuentados por mineros siderúrgicos situados en los bajos fondos de la ciudad, lugares que había intentado evitar en mis años de instituto. Tenía que vender el hielo al contado para tener liquidez suficiente para comprar hielo al día siguiente. No recuerdo cuánto gané ese verano, pero creo que me fue bastante bien.

De vuelta a Stanford fue mi afición a la radio la que me ayudó a forjar mi futuro. La Universidad tenía una emisora de radio aficionado en un pequeño edificio situado justo en la zona de la ingeniería. Estaba cerca del laboratorio de un joven nuevo profesor llamado Fred Terman. Entonces no sabía mucho sobre él, sólo que su padre era un famoso profesor e inventor del conocido test de inteligencia Stanford-Binet. Ocasionalmente pasaba ratos en la emisora de radio, y el profesor Terman de vez en cuando se paraba a visitarla conmigo. Finalmente, en un día de primavera de 1933, me invitó a su despacho y me sugirió que tomase su curso de postgrado en ingeniería de radio en mi año como **senior**. Ése fue el principio de una serie de acontecimientos que precedieron a la creación de la empresa Hewlett-Packard.

Como primer estudiante universitario invitado al curso de postgrado de Terman me sentía muy honrado. Fue ese curso, impartido por un profesor legendario hoy en día, el que realmente despertó mi entusiasmo por la electrónica. El programa del curso sirvió como base para el famoso libro de texto de Terman, **Radio Engineering**, el texto con más influencia de todos los que trataban el tema en la época. El profesor Terman tenía la excepcional habilidad de hacer que un problema muy complejo pareciese la simplicidad personificada. Ése era el secreto de su libro de texto, y la razón por la cual éste se convirtió en el más usado en todo el mundo de todos los que trataban este tema. Fue un curso difícil, y un año exigente, especialmente porque al mismo tiempo jugaba en el equipo de fútbol de la Universidad, cursaba un curso universitario entero y pasaba también mucho tiempo en mi fraternidad y luego en una cafetería de Palo Alto.

En esa serie de actividades hice varios amigos, uno de ellos fue Bill Hewlett.

Capítulo 2
La amistad con Hewlett

Bill Hewlett y yo nos conocimos en otoño de 1930, cuando ambos entramos en Stanford. Yo ya había decidido que quería ser ingeniero eléctrico. Aunque Bill no había decidido su especialidad, durante nuestros dos primeros años de carrera coincidimos en muchas clases de matemáticas y ciencia. Pero no fue hasta el último año cuando nos conocimos mejor, a finales de ese año ya teníamos una buena amistad.

Los años de juventud de Bill habían sido muy diferentes a los míos. Sus abuelos por ambas partes vivían en California bastante antes de principios de siglo, y tanto su madre como su padre se criaron en San Francisco. Su padre era un doctor que se había titulado en el Johns Hopkins, y que a principios de su carrera había enseñado Medicina en la Universidad de Michigan. Bill nació en Ann Arbor, en 1913. Unos pocos años más tarde su padre se hizo profesor del Colegio de Medicina de Stanford, que en esos tiempos estaba en San Francisco.

Bill ha descrito su niñez como "agitada y feliz". Sus padres eran educados y bastante adinerados. Solían pasar las vacaciones en Sierra Nevada, donde nació el amor que Bill, como yo, tiene a la naturaleza, y que perdura hoy en día.

De joven Bill dio evidencias tempranas de una cualidad que luego resultaría primordial: una insaciable curiosidad. Quería saber cómo funcionaban las cosas y por qué hacían lo que hacían, y solía hacer experimentos caseros para descubrirlo. Algunos incluían explosivos, y como yo, tenía suerte de haber sobrevivido. También le gustaba explorar, escalar ocasionalmente tejados, o investigar zonas deshabitadas de San Francisco. Uno de sus favoritos era el lugar donde se celebró la Feria Mundial de 1915 en el distrito de Marina. Los restos de la feria, algunos edificios vacíos, proporcionaron un patio perfecto, aunque fuera de zona prohibida, para Bill y sus amigos.

Bill fue a una escuela primaria privada, a la que iba y volvía en tranvía. Se le daban bien los números y la aritmética pero le costaba bastante leer. Pensaban que aprendería lento, especialmente dado que era disléxico, pero en aquella época nadie sabía lo que era la dislexia. Continuó teniendo problemas con la lectura y la escritura y, más tarde, en la Universidad, no era capaz de tomar apuntes lo suficientemente rápido como para seguir la clase. Entonces, como muchos otros disléxicos, aprendió a *escuchar*, a archivar ideas e información de forma lógica de manera que la memoria puede acceder a ellas sin problemas. «Este procedimiento funcionaba particularmente bien para aprender mates y ciencia», decía.

Cuando Bill tenía sólo doce años su padre murió de un tumor cerebral, y su madre y su abuela se lo llevaron a Europa, donde estuvieron quince meses, durante los cuales su hermana Louise fue al colegio en París y Bill recibía instrucción de su madre y su abuela. Viajaron mucho, lo cual significó una buena educación para Bill.

Tras volver a San Francisco, Bill fue al renombrado colegio de educación secundaria Lowell. Fue un estudiante excepcional en ciencias y un estudiante mediocre en prácticamente el resto de las asignaturas. De hecho, a Bill le gusta contar la historia de que a la hora de graduarse, él, como la mayoría del resto de sus compañeros le pidieron al director de su colegio una recomendación para Stanford. El director llamó a su madre y le dijo «Sra. Hewlett, su hijo ha dicho que quiere ir a Stanford. No hay nada en su historial que justifique mi recomendación. ¿Sabe por qué quiere ir?». Ella dijo, «Su padre

Bill Hewlett haciendo rápel en Mt. Owen, Wyoming, 1930.

daba clases ahí». El director se asombró y preguntó «¿Su padre era Albion Walter Hewlett?». Ella dijo que sí, y él dijo: «¡fue el mejor estudiante que he tenido nunca!». Esto, según Bill, fue el motivo de su admisión. Además, el director se retiró al año siguiente, «¡sólo tuve que probar!».

Estando en la escuela secundaria, Bill llevaba a cabo muchas actividades. Le gustaba la química y la física, y continuó experimentando y construyendo cosas. Construyó una bobina de Telsa, construyó un arco eléctrico de varillas de carbono e hizo una pequeña radio de cristal para él y otra para su hermana. Él y otros estudiantes de Matemáticas le pidieron a su profesor que les enseñara cálculo, que no era una materia estándar de secundaria. Y empezaron la universidad con buen pie.

Bill ha dicho muchas veces que si su padre no hubiese muerto, quizá hubiese escogido la carrera de Medicina. Bromeaba diciendo que eligió ingeniería electrónica en la universidad porque la gustaban los trenecitos eléctricos, pero la verdad es que de pequeño le interesaba más la química y las matemáticas que la electricidad.

A través de Bill me hice amigo de Ed Porter, el mejor amigo de juventud de Bill. Porter, que vino a Stanford con Bill, era un radioaficionado fanático ya de joven. Y como su clave de identificación era W6 BOA, se puso "Frisco Snake" de mote radiofónico. Ed sabía tanto de radios que prácticamente se mantenía en Stanford arreglando radios. Hijo de un arzobispo episcopal, Ed era una persona dinámica que jugó un papel importante en nuestras vidas los siguientes 40 años. Su padre fue el pastor que casó a Bill y Flora Hewlett en 1939 y, que antes de morir, bautizó a tres de sus cinco hijos, y a los cuatro hijos que tuvimos Lu, mi mujer, y yo.

Había también un joven llamado Barney Oliver en el curso de posgrado del profesor Terman. Acababa de ser transferido a Stanford procedente de la Universidad de Cal Tech. Estaba ya en último año, y había cursado la mayoría de las materias obligatorias de Ingeniería, por lo que Terman le dejó asistir a su curso con la condición de que si no aprobaba los primeros parciales tendría que abandonar el curso. Ed no sólo aprobó sino que sacó la mejor nota en el primer parcial y en el resto del curso.

Formando un núcleo

Hewlett, Porter, Oliver y yo nos hicimos amigos muy rápidamente, en gran parte gracias a las clases de Terman. No es coincidencia que años después los cuatro fuésemos el equipo de dirección de Hewlett-Packard. Porter, que murió en 1976, estuvo 30 años en la empresa como director de producción. Oliver, uno de los mejores científicos aplicados del siglo XX, se retiró en 1981 como director de I+D de Hewlett-Packard, y en la actualidad dedica sus energías a proyectos como el SETI, la búsqueda de inteligencia extraterrestre.

El interés común que teníamos Bill Hewlett y yo por la naturaleza se manifestó por primera vez cuando un profesor nuestro organizó una excursión a Sierra Nevada para visitar una central hidroeléctrica de la Southern California Edison. Bill y yo aprovechamos la ocasión para ir de pesca y lo pasamos de maravilla. Este viaje fue precursor de otros muchos a las montañas incluido un viaje de mochileros de dos semanas por Colorado justo después de graduarnos en 1934. En ese viaje, Bill, yo y un caballo que alquilamos por un dólar al día, subimos a las montañas de San Juan. No hay duda de que compartir la pasión por la naturaleza fortaleció nuestra amistad y nos ayudó a forjar un respeto y entendimiento mutuos, que son la base del éxito de nuestra relación empresarial que perdura desde hace más de 50 años.

El gran interés de Fred Terman en la ingeniería de radio le llevó a conocer a casi todos de los pioneros del sector, la mayoría de los cuales estaban situados en la zona de Palo Alto. Los primeros trabajos en la tecnología sin cables se desarrollaron en la Federal Telegraph Company a principios de siglo por el graduado en Stanford Cyril F. Elwell. Lee De Forest inventó el tubo de vacío en Palo Alto en 1908 y Fritz Kolster descubrió el RDF en la década de los 20.

A principios de la década de los 20 varias empresas de la zona de la Bahía se fueron a Chicago, que se había convertido en el centro de la industria radiofónica. En 1932 la Federal Telegraph se mudó al este, a New Jersey. Pero mucha gente no se quiso trasladar y optaron por crear sus propias empresas tecnológicas en la zona. En la década de los 30 el curso de posgrado del profesor Terman incluía visitas a algunas de esas firmas.

Recuerdo visitar Kaar Engineering en Palo Alto, Eitel-McCullough en Burlingame y la tienda de Charlie Litton, que con el tiempo se convertiría en Litton Industries, situada en Redwood City. También fui a San Francisco a visitar a Philo Farnsworth, quien estaba desarrollando el tubo de cámara de televisión.

Recuerdo al profesor Terman decir algo así como: «Bueno, como podéis ver, la mayoría de estas exitosas empresas de radio han sido creadas por personas sin mucha formación», añadiendo que las oportunidades de negocio son mayores para una persona con una formación teórica en sistemas de sonido. Esto nos hizo pensar y con el apoyo de Terman, Bill Hewlett, Ed Porter, Barney Oliver y yo, nos pasamos nuestro último año de universidad haciendo planes provisionales para montar algo por nuestra cuenta tras graduarnos. Pero dejamos nuestros planes de lado cuando recibí una oferta de empleo en General Electric en la primavera de 1934. El país estaba inmerso en la Gran Depresión y el trabajo escaseaba. Terman me alentó para que cogiese el trabajo de GE, señalando que aprendería muchas cosas que resultarían útiles en nuestro empeño. También pensaba que a Bill le sería útil trabajar un tiempo en la universidad como graduado. De manera que pospusimos nuestra aventura empresarial sin dejar de lado la idea de crear la empresa de la que habíamos hablado.

Experiencia en General Electric

Dado que no empezaba a trabajar en General Electric hasta febrero de 1935, en otoño decidí hacer unos cursos trimestrales en la Universidad de Colorado, Boulder. El mejor curso fue uno de Matemáticas aplicadas a la ingeniería impartido por el profesor Hutchison. Recuerdo que ponía en la pizarra dos columnas de números de cinco dígitos y de unas 20 líneas cada una y las sumaba antes de que nadie de la clase hubiese podido sumar una. Creo que fue uno de los cursos más interesantes a los que he asistido nunca.

En enero de 1935 llevé a mi madre y a mi hermana al Este, a Pittsburg, para visitar a unos amigos. De ahí partí hacia Schenectady para empezar a trabajar en GE. En mi primer día de trabajo me encontré con un tal Mr. Boring que me había entrevistado en Stanford. Él sabía de mi interés por la electrónica (entonces llamada "radio") y me dijo que en General Electric no había futuro para la electrónica y me recomendó que centrase mis esfuerzos y mi trabajo en generadores, motores y demás componentes pesados para plantas de energía eléctrica y sistemas de transmisión eléctrica.

A menudo pienso en la ironía del consejo del Mr. Boring porque nuestra empresa electrónica, Hewlett-Packard, ha llegado a tener un tamaño mayor que el que tenía toda la General Electric cuando me dio el consejo.

GE, incluso durante la depresión, continuó su política de contratar a varios recién licenciados cada año y ponerlos a trabajar en departamentos experimentales. Mi primera asignación fue en el departamento de productos de refrigeración, probando refrigeradores con fugas y otros problemas. Era en el turno de tarde, y no resultaba muy interesante.

Decidí buscar trabajo por mi cuenta y primero encontré uno en el departamento de radio transmisión, testando equipos fabricados para la Marina. Tampoco suponía un desafío, por lo que seguí buscando y encontré un trabajo en el departamento de ingeniería de tubos de vacío. Era en el mismo edificio que el departamento principal de Investigación de GE. El nuevo trabajo era interesante y además tuve la oportunidad de conocer a gente brillante del laboratorio principal de investigación.

Mi primer encargo fue en la sección donde se hacían los tubos rectificadores de vapor de mercurio para el control de las soldaduras por puntos y por costura. El más grande de los tubos era una ampolla de cristal del tamaño de un frasco de un galón, con un ánodo sujetado por una junta en la parte superior y el depósito de mercurio conectado por una junta por la parte inferior. El elemento de control era una pieza puntiaguda de carburo de silicio conectada por una junta y un cable a un lado del tubo. El arco eléctrico se ponía en marcha en cada ciclo positivo durante el período de control y se podía controlar hasta fracciones de ciclo. Si el elemento de control perdía el control el tubo saltaba por los aires.

Las instalaciones de ensayo estaban en la planta baja del edificio y había dos grandes puertas de almacén que se dejaban abiertas siempre que se realizaba algún ensayo. El tubo estaba protegido con una pantalla de malla metálica que retenía las astillas de cristal si el tubo explotaba, pero el mercurio se convertía en una nube que salía a la deriva por las puertas abiertas. El operario tenía que salir antes que el mercurio y esperar que se dispersara antes de volver a entrar.

Estos tubos se hacían en lotes de 20, y cuando me los encargaron a mí acababan de fallar todos los del último lote.

Trabajando juntos

Aprendí todo lo que pude sobre posibles causas de fallo, y decidí pasar la mayoría de mi tiempo en la fábrica para asegurarme de que cada paso se realizaba correctamente. Pronto se vio claramente que las instrucciones que el departamento de ingeniería daba al personal de fábrica no eran adecuadas para asegurar que cada paso se hiciera correctamente. Encontré al personal de fábrica deseoso de hacer el trabajo bien. Trabajamos juntos para testar e identificar cada posible causa de fallo, y como resultado todos los tubos del lote pasaron el test final sin un solo fallo.

Ésa fue una importante lección para mí: la comunicación personal solía ser necesaria para respaldar las instrucciones escritas. Ése fue el origen de lo que posteriormente fue el "dirigir paseando" de la empresa Hewlett-Packard.

Por esos tiempos mis amigos de la GE y yo ganábamos menos de 90 dólares al mes, por lo que entre cinco o seis alquilamos una casa grande con ama de llaves. Nos costaba un dólar al día por lo que nos quedaba bastante para lo demás. Uno se podía comprar un traje bastante bueno por 25 dólares e, incluso con el salario bajo que teníamos, se podían ahorrar unos dólares cada mes.

Me gustó la experiencia de GE. Fui capaz de aprender muchas cosas que luego me fueron útiles cuando emprendimos nuestra aventura empresarial propia, e hice amistades cercanas con individuos que luego crearían sus propias empresas de electrónica. Uno de ellos fue Bobby Wilson, que se graduó en Yale y se pasó su primer año fuera de la universidad trabajando como operador de radio y navegador de vuelo alrededor del mundo en un avión privado dirigido por el Dr. Light. Bobby terminó dirigiendo le división de rayos x de la GE en Chicago. También estaba Jack Hutchins, quien presentó un artículo conmigo en un encuentro del American Institute of Electrical Engineers en la ciudad de Nueva York en la primavera de 1936. Más tarde Jack creó su propio negocio en Illinois fabricando transistores de alto voltaje.

Otro sujeto que vivió en nuestra casa de Schenectady fue John Fluker, del que desde entonces he sido amigo toda la vida. Durante la II Guerra Mundial John trabajó para el almirante Hyman Ricover en Washington, y posteriormente creó su propia empresa en el noroeste, la John Fluker Manufacturing Company, una importante productora de instrumentos electrónicos. A través de John conocí al almirante Ricover, quien me ayudó mucho cuando fui a Washington como segundo secretario de Defensa en 1969. John Cage fue otro amigo que hice en GE y posteriormente jugó un papel importante en HP. Después de la guerra, John se hizo profesor de electrónica en la Universidad de Purdue. Podía llamarle y preguntarle si se licenciaban ingenieros que nos interesase fichar. Nos recomendó a bastantes personas excepcionales. En 1956 contratamos a John como supervisor de un importante proyecto de desarrollo de producto, y más tarde organizó y dirigió Hewlett-Packard Ltd., nuestra primera filial británica. En 1971, junto a Barney Oliver, coeditó un libro de texto, **Electronic Measurement and Instrumentation.**

En 1936, todavía inmersos en la depresión, la GE redujo su programa de trabajo y varios de nosotros acabábamos de trabajar a las tres de la tarde. Eso nos daba tiempo para jugar a golf, o en mi caso a baloncesto. Me gustaba jugar, y finalmente entré en un equipo profesional local. Practicábamos por las tardes y los fines de semana jugábamos en pequeñas ciudades del norte de Nueva York y Nueva Inglaterra. Hacíamos pocos dólares a la semana, no era una gran suma pero muy útil en esos tiempos de crisis económica. Jugamos el último partido de la temporada en la ciudad de Nueva York, en el arsenal de la calle Treinta y Cuatro. No recuerdo gran cosa de ese partido, sólo que mi equipo perdió y que el saque de honor lo hizo la famosa cantante Kate Smith.

Mientras estuve en Schenectady, Bill Hewlett estuvo ocupado haciendo trabajo de posgrado. Se pasó 1935 en Stanford y luego un año más en el MIT haciendo un máster. Cuando estaba en Cambridge se las apañaba para venirme a ver, y pudimos irnos de excursión en canoa varias veces.

Disfruté mi estancia en Schenectady, y pasé muchos fines de semana pescando en los lagos del norte de Nueva York, Vermont y New Hampshire. En otoño los bosques eran preciosos, y junto a algunos

Dave Packard esquiando en Gore Mountain, Nueva York, 1936.

de mis amigos de GE íbamos a cazar ciervos, becadas y otros animales.

En invierno pasaba muchos fines de semana esquiando en North Creek, Nueva York. El esquí en esos momentos empezaba a popularizarse. La gente de North Creek usaba los autobuses escolares para subir a los esquiadores a lo más alto de Gore Mountain. Había numerosas pistas para bajar la montaña, tanto para expertos como para principiantes. Los esquís se hacían de nogal, arce o fresno; en varias ocasiones tomé mal las curvas y acabé en el bosque, recuerdo que partí tres pares de esquís. ¡Por suerte mis piernas eran más fuertes que ellos. Estos viajes engendraron gran camaradería entre los recién graduados que trabajábamos en Schenectady.

En 1937 crucé el país hacia Palo Alto. Tenía un saco de dormir, por lo que no tuve que parar en ningún hotel. En esos tiempos se estaba seguro durmiendo en cualquier sitio cómodo cerca de la autopista. Para aquel entonces Bill había regresado del este, y quería pasar algún tiempo con él. El propósito principal de mi visita, sin embargo, era ver a una joven llamada Lucile Salter. Vi por primera vez a Lucile cuando estaba en mi último año de Stanford, mientras servía comidas en el comedor de su hermandad.

Un fin de semana de la primavera de 1934, unos amigos míos organizaban un viaje a San Francisco para ir el sábado por la noche a bailar al Mark. No tenía pareja pero un amigo mío me dijo que conocía una chica de la hermandad Delta Gamma, donde yo trabajaba en la cocina, que probablemente estaría dispuesta a ir conmigo. Estaba yo en la cocina, sumergido hasta los codos entre ollas y cacerolas, cuando Lucile vino hacia mí y me dijo «¿Cuándo me quieres?»

Antes de ese baile conocía muy poco a Lucile. Era una atractiva y brillante estudiante de San Francisco; nuestro baile nocturno derivó en un romance que continuó incluso una vez graduados y con tres mil millas

Lucile Packard cuando los Packard están a punto de dejar Schenectady y cruzar el país en coche hacia California en 1938.

de tierra de por medio. En los años previos a graduarme había conocido a los padres de Lu y a su hermana, que también estudiaba en Stanford. Un tiempo después Lu y yo empezamos a contemplar de manera bastante seria la posibilidad de casarnos.

Durante mi visita a Palo Alto estuve con Bill Hewlett y tuvimos nuestra primera reunión de negocios "oficial". El acta del día, con fecha de 23 de agosto de 1937, llevaba por título "Planes organizativos provisionales y programa de trabajo provisional para una propuesta de negocio". Las ideas de producto que discutimos incluían receptores de alta frecuencia y equipamiento médico, y se anotó "tendremos que hacer lo posible para mantenernos en la onda de la televisión (una tecnología anunciada hacía poco)". El nombre que propusimos para la nueva empresa fue: The Engineering Service Company.

En la primavera de 1938 Lu y yo decidimos casarnos. Ella renunció a su trabajo como secretaria de admisiones de Stanford y cogió el Overland Express rumbo a Chicago, donde cambió de tren para llegar a Schenectady. Fue un viaje de cuatro días. Una medida para ver cuán escasos eran los trabajos en esa época es que no me atreví a pedir fiesta en GE y arriesgarme a perder mi trabajo bien remunerado. No quería que los de GE pensasen que no iba a volver. Por lo que sólo me tomé libre el viernes por la tarde, nos casamos, pasamos nuestra luna de miel el fin de semana en Montreal, y el lunes por la mañana estaba de vuelta al trabajo.

Durante esos meses Fred Terman había estado pensando en cómo teníamos que proceder Bill y yo, y en verano de 1938 consiguió una beca en Stanford para mí. Recibiría un estipendio de 500 dólares al año, pero más importante aún, podría reunirme con Hewlett. La beca me ofrecía un desafío tecnológico interesante: trabajar con un joven inventor de Stanford, Russ Varian, en una de sus ideas. El trabajo consistía en modificar un tubo de vacío para que funcionase a frecuencias más altas. Era parte de un proyecto de mayores dimensiones que haría famosos a Russ y a su hermano Sig: el tubo klystron, la tecnología en la que se basan los radares y los aceleradores de partículas.

Mis jefes de GE me dieron su consentimiento y un permiso de ausencia no retribuido, en agosto Lu y yo volvimos a California con una prensa taladradora Sears-Roebuck de segunda mano que posteriormente sería la primera máquina de HP.

No presenté mi renuncia oficial en GE hasta aproximadamente un año después. Lucile solía recordar el momento en que metió en el buzón la carta de renuncia en junio de 1939. Mandar esa carta cortaba nuestros lazos financieros. Pero estábamos esperanzados y excitados por lo que nos depararía el futuro.

Terman me consiguió un trabajo de laboratorio en el proyecto de investigación Varian, en Litton Engineering Laboratorios, Redwood City.

También consiguió que me diesen créditos por haber trabajado en la GE por lo que pude sacarme el título de de ingeniero electrónico con sólo un año de residencia.

Lu recuperó su trabajo en el departamento de admisiones de Stanford. Trabajando de lunes a viernes y media jornada los sábados, fue nuestro soporte económico los siguientes años. Pero lo más importante es que Hewlett también había vuelto. En el ínterin, él había hecho un máster en el MIT y sólo acabarlo recibió una oferta de empleo de Jensen Speaker en Chicago. Pero Terman también se ocupó de él y lo juntó en San Francisco con un doctor que estaba interesado en desarrollar equipos médicos.

Capítulo 3
El garaje se convirtió en nuestro taller

Ahora que Bill y yo estábamos juntos de nuevo empezamos a trabajar en nuestros planes. Bill había encontrado una casa de dos pisos en la avenida Addison de Palo Alto, y Lu y yo alquilamos el piso de abajo. Bill, que para entonces aún estaba soltero, vivía en un pequeño edificio situado detrás. Había también un garaje para un coche que se convirtió en nuestro taller. (*Nota del editor:* En 1989 el estado de California nombró el garaje de la avenida Addison monumento de la historia de California y "el lugar de nacimiento de Silicon Valley".)

Desde el otoño de 1938 mi horario pasó a ser ir a clases a Stanford la mayoría de mañanas, por la tarde trabajar con Bill y encontrar huecos para estudiar, y más tarde ir a los laboratorios Litton. Ayudó que a Charlie Litton no le gustara empezar a trabajar pronto, pero acabábamos a las dos o las tres de la madrugada. De lo contrario, no sé cómo me las hubiese apañado para hacer todo ese trabajo, estudiar y que me quedase tiempo para la vida familiar.

Con mi experiencia en GE y la ayuda de Charlie era bastante capaz de hacer tubos de vacío para testar las teorías de Varian. Mi relación con Charlie derivó en una larga e imperecedera amistad. Charlie era capaz de hacer cualquier cosa mejor que nadie. En otoño de 1938, cuando pretendía abrir una nueva planta, no contrató una empresa de construcciones para que le hiciese la excavación. Se compró una excavadora e hizo las excavaciones él mismo. Yo le ayudé y llegué a ser bastante competente con la excavadora. Cuando Bill Hewlett y yo adquirimos un rancho me compré una y ayudé a hacer más de 20 millas de carreteras.

Dave Packard construyendo las carreteras en el rancho San Felipe cerca de San José, California, 1955.

Charlie Litton empezó en la Federal Telegraph Company en Palo Alto. Pero cuando Sothenes Behn, que había creado la empresa junto a su hermano Hernand, trasladó la compañia a New Jersey en 1932, Charlie decidió crear su propia industria. Pensaba que los tubos de vacío que se hacían entonces no eran lo suficientemente buenos y decidió diseñar y producir sus propios tornos para trabajar vidrio para hacer los grandes tubos de 50 kilowatios que se usaban entonces en los transmisores de radio. Tras un tiempo hizo su primer torno y la RCA se lo compró, su segundo torno se lo compró inmediatamente después la Westinghouse.

Litton responde

La mayoría de personas que estaba trabajando en tubos de vacío en el país conocía el trabajo de Charlie y le encargaban sus nuevos diseños. Su contribución más importante fue el diseño de una bomba de vacío de aceite de baja presión fabricada íntegramente de metal. Hasta entonces la mayoría de las bombas de vacío eran de vapor de mercurio, como las que yo había usado en GE, que tenían la desventaja de necesitar refrigeración por aire líquido. Había pocas fuentes de aceite de baja presión en el país, pero Charlie había descubierto que destilando ciertas marcas comerciales de aceite de motor podía producir su propio aceite de baja presión.

En 1939, dada la presión que los físicos Albert Einstein y Leo Szilard ejercían sobre él, el presidente Roosevelt emprendió un proyecto para producir una explosión atómica usando la fisión de uranio. Las personas involucradas en esa empresa, que posteriormente se conoció como el proyecto Manhattan, decidieron usar un proceso que requería un gran volumen de aceite de baja presión. Y creyeron que Charlie podría producir el aceite más rápido y mejor que nadie. De forma común en él, Litton pidió el tanque de agua disponible más grande de Redwood, lo montó en tres o cuatro semanas, y le instaló los alambiques. El aceite de motor se llevó a Redwood en vagones cisterna, y Charlie destiló el aceite en su tanque de agua. Aunque no estaba autorizado a saber sobre el proyecto, yo trabajaba estrechamente con Charlie y me enteré de todo.

El talento de Charlie también se extendió a la automoción; fue la primera persona en utilizar un vehículo de tracción en las cuatro ruedas para explorar Sierra Nevada. Se construyó el vehículo juntando dos chasis de camioneta, cada uno de los cuales tenía un motor y una transmisión que daban tracción a dos de las ruedas. Tras la guerra fue uno de los primeros en reconocer cuan efectivo podía ser un Jeep para explorar en la Sierra. Bill y yo nos compramos un Jeep y en nuestro primer viaje –a Desolation Valley–, nos enganchamos en una roca y las cuatro ruedas se quedaron en el aire. Nos llevó un rato colocar piedras debajo de las ruedas para poder continuar. Compramos un camión lo suficientemente grande para poder llevar el Jeep a remolque y una ranchera con la parte de atrás habilitada para poder dormir. Cada año, Noel Eldred, Dave Scott, Ray Demere, Bill Hewlett y yo nos íbamos de viaje dos semanas a cazar ciervos a Nevada o a Montana. El resultado fue que se creó una gran amistad entre Bill Hewlett y yo, Noel Eldred, y los demás de la empresa que venían con nosotros. Solíamos cazar dos ciervos cada uno y algún alce.

Durante esos meses de 1938 en que Bill y yo empezábamos en Palo Alto, estuvimos en contacto frecuentemente con nuestro compañero de Stanford y amigo cercano, Ed Porter. Ed había estado vendiendo máquinas de aire acondicionado, principalmente a hoteles del valle de Sacramento, y le iba bastante bien por lo que prefirió quedarse en el valle en vez de unirse a Bill y a mí. Pero nos pidió que le diseñáramos algunos aparatos de control para sus aires acondicionados.

En el otoño de 1938 todavía no habíamos decidido qué productos desarrollaríamos y produciríamos, por lo que hicimos bastantes trabajos que nos llamaron la atención. T. I. Moseley era un empresario local y presidente de su propia compañía, Dalmo-Victor; nos sugirió varias ideas para productos cuando empezábamos. Hubo un momento en el que incluso habíamos decidido fabricar armónicas.

Moseley sabía que Bill había desarrollado un oscilador de audio y nos pidió que le fabricásemos un afinador para su armónica con el oscilador. Resultó que el oscilador no era lo suficientemente preciso para hacerlo. No recuerdo qué pasó con las armónicas de Moseley.

Moseley también estaba intentando desarrollar un ejercitador usando impulsos eléctricos para activar la musculación. Tenía una mujer muy complaciente y nos pasamos un domingo aplicándole descargas eléctricas de diferentes frecuencias para activar la musculatura de sus piernas. No se produjo ninguno de los proyectos de Moseley, pero sus propuestas nos proporcionaron algunos ingresos.

Diseñamos y construimos un controlador de frecuencia variable para el observatorio Lick, que estaba justo en la cima del monte Hamilton;

nuestro controlador permitió al telescopio funcionar de forma precisa. También inventamos un aparato de señalización para una bolera local.

Esos trabajos variados nos hicieron sentirnos más seguros de nosotros mismos y de nuestras habilidades. También nos revelaron algo que no habíamos planeado pero que fue muy beneficioso para nuestra asociación; concretamente, que nuestras habilidades tendían a ser complementarias. Bill estaba más cualificado en tecnología de circuitos, y yo sabía más y tenía más experiencia en procesos de producción. Esta combinación de aptitudes nos resultó particularmente útil para diseñar y producir productos electrónicos.

Del esfuerzo de construir varios aparatos hicimos algo de dinero, y en nuestras mentes crecía la idea de que quizá sólo uno de esos aparatos era viable como producto. Como prueba de nuestros progresos, por pequeños que fueran, Bill y yo nos asociamos en 1939. No recuerdo los términos exactos del acuerdo, pero creo que era bastante informal. Bill adelantó algún dinero para comprar componentes y herramientas, y yo aporté los aparatos que compré en Schenectady. Tiramos una moneda al aire para ver qué nombre iría primero en el nombre de la empresa. No hace falta decir que Bill ganó.

Fred Terman estuvo una vez más detrás del primer paso. Volviendo a 1927, un científico de los laboratorios Bell llamado Harold Black publicó un artículo llamado "retroalimentación negativa". Era ideal para los "repetidores", o amplificadores telefónicos, por qué usando esta técnica la ganancia de un amplificador se podría hacer relativamente independiente a los cambios en las características del tubo de vacío que se utilizara. Por la misma razón, fue útil para instrumentos electrónicos de medida. En la primavera de 1938, en el laboratorio de Terman, un grupo de estudiantes, incluido Bill Hewlett, desarrolló aplicaciones de laboratorio para la retroalimentación negativa. La importante contribución de Bill fue el oscilador de audio con la resistencia estabilizada. Terman también hizo una contribución importante: usando ciertas aproximaciones redujo la ecuación de Black a una simplificada mucho más fácil de usar.

El oscilador de audio de Bill representó el primer método realista de bajo coste de generar frecuencias de audio de alta calidad necesarias en las comunicaciones, la geofísica, la medicina y la defensa. El oscilador de audio de Bill fue el primer producto de la empresa Hewlett-Packard. Más tarde, ese mismo año, una vez habíamos empezado ya en el garaje, Terman arregló una cita con Harold Buttner, ingeniero licenciado en Stanford y vicepresidente de investigación y desarrollo de Internacional Telephone and Telegraph, para que viese el oscilador de Bill. Buttner quedó tan impresionado que ofreció 500 dólares por los derechos de la patente internacional y ayuda para obtener la patente norteamericana.

En noviembre hicimos una maqueta del oscilador de audio y Bill lo llevó a Portland, Oregón, a una conferencia del Instituto de Ingenieros de Radio. La respuesta fue bastante positiva por lo que decidimos producirlo. En Navidad ya habíamos hecho el primer modelo de producción, y recuerdo claramente tener esta pieza sobre la chimenea. Le sacamos fotos y preparamos un catálogo de dos páginas que enviamos a una lista de unos veinticinco clientes potenciales que nos había proporcionado Fred Terman.

Dimos a este primer producto el nombre de Modelo 200A porque pensamos que este nombre haría que pareciera que ya llevábamos algún tiempo en el negocio. Nos temíamos que la gente se asustaría si sabía que, de hecho, nunca habíamos desarrollado, diseñado y construido un producto acabado. Nuestro precio era aún más ingenuo: lo pusimos a 54,40 dólares, no por haber hecho los cálculos de costes, sino porque nos recordaba a "54º 40' o ¡lucha!" (el grito de guerra de 1844 utilizado en la campaña para establecer la frontera norte de los Estados Unidos en el Noroeste del Pacífico). Pronto descubrimos que no podíamos permitirnos construir las máquinas a este precio. Por suerte, nuestra competencia más cercana era un oscilador de 400 dólares de General Radio, que nos daba bastante espacio de maniobra.

No teníamos demasiadas expectativas sobre nuestro primer *mailing*, pero sorprendentemente en las primeras semanas de enero nos llegaron algunos pedidos, y algunos venían acompañados de cheques.

Charlie Litton fue de gran ayuda para empezar la producción. Nos dio acceso a su taller para que pudiéramos hacer cosas que no podíamos hacer solos en el garaje. Usando la fundición de Charlie hice los moldes y fundí las piezas de aluminio para los mandos de control de aire acondicionado que suministramos a Ed Porter. Litton también tenía una máquina de grabado, así que pudimos grabar los nombres de los hoteles en los mandos.

Fabricar tableros de instrumentos

Cuando empezamos a hacer los osciladores de audio compramos los armarios, pero hicimos los tableros nosotros mismos. Recortábamos aluminio y hacíamos los agujeros. Luego los pintábamos con *spray* en casa y utilizábamos el horno de la cocina para fijar la pintura. Más tarde se los llevaba a Charlie y grabábamos las designaciones. A continuación calibrábamos los selectores estableciendo un estándar de frecuencia. Luego marcábamos el dial con un lápiz y volvía de Charlie para grabar esas líneas. Al principio cada oscilador se calibraba individualmente. Había algunos trucos relacionados con el uso del equipo de grabado, y Charlie se los sabía todos.

Supongo que hubiéramos podido hacer muchas de estas cosas solos. Pero contar con Charlie Litton y su equipo marcó una gran diferencia durante un período en el que teníamos poco tiempo y dinero. Nunca nos vio como competidores, sino como colegas.

Charlie hizo otra cosa importante. Le gustaba extenderse y filosofar sobre las nuevas ideas. Y siempre que quería aprender algo más, organizaba un seminario en su taller y nos invitaba a mí y a otras personas, normalmente de Stanford. En este grupo estaba Alex Poinatoff, que más tarde fundó Ampex Corporation. Los seminarios se celebraron varias veces en 1938. Puedo recordar muchas discusiones sobre fenómenos físicos como la teoría de ondas y la mecánica cuántica. También hablábamos sobre la filosofía empresarial. Charlie era muy conservador en este aspecto. Por muy excéntrico que fuera, sabía que había que mantener la empresa y pagar las facturas. Aprendí mucho de él sobre cómo gestionar un negocio en esas conversaciones.

También saqué mucho provecho de dos cursos que hice en Stanford aquel otoño de 1938: Derecho Mercantil y Contabilidad de Gestión. Me apunté porque pensé que podían ser de utilidad en nuestro negocio. Ahora veo que han sido de los cursos más importantes que he hecho en mi vida, el primero porque me enseñó lo suficiente sobre asociaciones, contratos y constituciones que en los próximos años prácticamente no necesitamos los servicios de abogados; y el segundo porque me ayudó a llevar los libros de contabilidad y, con la ayuda de Lu por las noches y los domingos, mantenerlos cuadrados.

La venta a Disney: mito y realidad

Cuando Bill Hewlett llevó el modelo original del oscilador de audio a la conferencia técnica de Portland en noviembre de 1938, lo mostró a diversas personas. Entre los que expresaron un considerable interés en él estaba Bud Hawkins, el ingeniero de sonido en jefe de Walt Disney Studios. Hawkins estaba desarrollando el equipo de sonido para la innovadora película *Fantasía* y tenía previsto comprar osciladores de audio a General Radio a 400 dólares cada uno. Cuando Bill le dijo que nuestro modelo le costaría menos de 100 dólares, Hawkins decidió comprar los nuestros. Al final, después de que Hawkins nos indicara hacer suficientes modificaciones en el modelo original para que el resultado fuera el modelo 200B, nos pidió ocho unidades a 71,50 dólares cada una.

A lo largo de los años se ha exagerado mucho sobre esta venta a Disney. Contrariamente a lo que opina algunos, HP no hizo una contribución técnica a la producción de *Fantasía*. En cambio, permitimos a Disney comprar un buen producto a un precio considerablemente menor que el de la competencia. También se ha dicho que si no hubiera sido por la compra de Disney podríamos habernos quedado fuera del negocio. La verdad es que con Disney o sin ellos, Bill y yo estábamos determinados a llevar adelante nuestra empresa.

Otro caballero que se interesó al principio por nuestras actividades y que estaba destinado a tener un papel increíblemente importante en el éxito de Hewlett-Packard fue Norman Neely. Norm era el representante de un fabricante de California del Sur que hacia equipos de radio, grabación y otros equipos eléctricos. Había oído hablar sobre el oscilador de Hewlett e invitó a Bill a hablar al Club de Ingenieros de Radio de Los Ángeles. La velada no empezó de forma muy prometedora, ya que el presidente del club presentó a Bill como "Bill Packard", pero la presentación consiguió una muy buena respuesta: la mejor de todas, la del propio Norm.

Poco después Norm nos visitó a Bill y a mí en nuestro garaje de Addison Avenue. Ya le habíamos tanteado para que fuera nuestro representante, y durante esta visita llegamos a un acuerdo verbal que sellamos con un apretón de manos. Éste fue el modo en el que íbamos a hacer negocios con Norm durante los siguientes 50 años.

Durante la conversación, Norm destacó la importancia de que ofreciéramos más de un producto, porque un solo producto pocas veces ha dado el éxito a una empresa. Los productos que Bill y sus colaboradores diseñaron en Stanford en la primavera de 1938 incluían una serie de instrumentos diseñados para hacer mediciones de frecuencias de audio. Además del oscilador de Bill, decidimos desarrollar una línea completa de instrumentos de medición de frecuencia de audio basada en este trabajo. Lo que significaría que estaríamos compitiendo directamente con General Radio Company.

A finales de 1939, nuestro primer año completo de negocio, nuestras ventas sumaron un total de 5.369 dólares, con 1.563 dólares de beneficios. Desde aquel momento, cada año tuvimos beneficios.

Capítulo 4
Ganar más espacio

En el otoño de 1939 nuestro negocio había crecido hasta el punto de que necesitábamos más espacio. De modo que alquilamos un pequeño edificio en Palo Alto, en Page Mill Road, cerca del Camino Real, detrás de la tienda de John "Tinker" Bell y a unas dos millas de distancia del garaje. Hacia esa misma época, Bill Hewlett se casó con Flora Lamson, a quien conocía desde que eran niños y sus familias pasaban las vacaciones en la Sierra. Bill estaba encantado de dejar su minúsculo apartamento de soltero en Addison Avenue para mudarse a una casa con Flora no muy lejos del nuevo espacio.

Montamos la oficina en la sección delantera del nuevo edificio, mientas que en la trastienda había algunas máquinas herramientas y bancos de montaje. También había espacio para inmersión en caliente y pintura. Parecía que contábamos con todo el espacio que íbamos a necesitar para siempre.

No es que el nuevo emplazamiento no tuviera problemas. En invierno, cuando llovía, el agua bajaba por Page Mill Road y en ocasiones teníamos que poner sacos de arena delante de la puerta para evitar que entrara. Para reemplazar el horno de la cocina de Lu, que utilizábamos para hornear la pintura de las cajas, construimos uno a partir de una nevera vieja y lo pusimos detrás del taller. El problema fue que no tuvimos en cuenta que la nevera tenía aislamiento de kapok y una noche se incendió. Por suerte, alguien pasaba por ahí, vio las llamas y llamó a los bomberos antes de que se produjeran muchos daños.

Bill y Flora Hewlett en el Squaw Valley donde fueron para la inauguración de los Juegos Olímpicos de Invierno de 1960.

En esos primeros años Bill y yo teníamos que ser versátiles. Nos teníamos que encargar prácticamente de todo nosotros solos, desde inventar y construir productos hasta poner precios, empaquetar y enviarlos; desde tratar con los clientes y los representantes de ventas hasta llevar la contabilidad; desde escribir los anuncios hasta barrer al final del día. Muchas de las cosas que aprendí durante ese proceso son de un valor inestimable, y no se aprenden en las escuelas de negocios.

Descubrimos que los componentes de nuestros productos tenían una estructura de precios de dos niveles. Los representantes de los fabricantes vendían a los minoristas a precio de fábrica, y luego éstos llegaban a pedir a sus clientes hasta diez veces más. Conocimos al representante de Allen-Bradley, Bill Purdey, quien nos empezó a vender a precio de fábrica. Más adelante conseguimos lo mismo para el resto de componentes, de modo que podíamos comprar la mayoría de ellos al 10% del precio al por menor. Lo más difícil era conseguir los armarios y chasis para los productos. Entonces Bay Area tenía pocas tiendas de chapa metálica o recambios mecánicos. Contratamos a un hombre llamado Al Spear para que nos hiciera los armarios. En esos días era habitual hacer los equipos de medición en armarios de madera. La mayoría era de nogal, pero nosotros decidimos utilizar roble. Una vez que empezamos a diseñar equipos de ensayo para frecuencias más altas, tuvimos que renunciar a la madera porque no nos servía y además incrementaba el coste.

Ernie Shiller, que se encargaba de los trabajos de chapa, tenía una tienda al final de la calle del garaje de Addison Avenue. Ernie era un viejo hosco, pero era un buen mecánico y mejor artesano, y se encargó de nuestros trabajos de chapa durante muchos años.

Falta de dinero

La liquidez era un problema constante en esos primeros tiempos. Recuerdo que a principios de 1940 la ITT Company tenía un contrato para construir un instrumento para un sistema de aterrizaje de aviones. El sistema requería un oscilador de frecuencia variable y un oscilador de cuarzo de frecuencia fija. General Radio, empresa que ya he mencionado como proveedora de osciladores de audio, había proporcionado a ITT el oscilador de frecuencia variable, pero no se quiso ocupar de la versión de frecuencia fija. Nosotros estuvimos de acuerdo en ocuparnos de ello lo que resultó ser un gran desafío. Cuando empezamos a trabajar se hizo evidente que no teníamos la suficiente capacidad de ingeniería para acabar el trabajo a tiempo. Afortunadamente pude contratar a Noel Eldred, Bill Doolittle y Brunton Bauer de Heintz and Kaufman. Los tres se convirtieron en miembros importantes del equipo. Conseguimos construir la unidad con las características técnicas

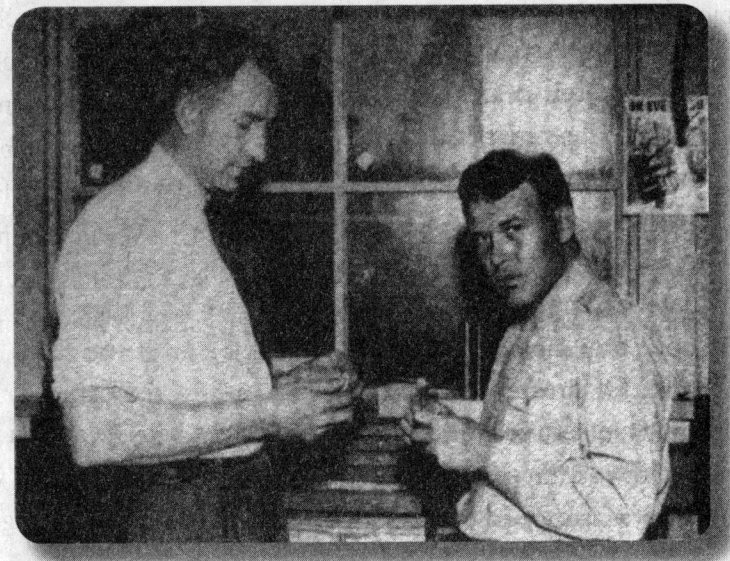
Dave Packard (izquierda) y Bill Hewlett en el taller, 1944.

requeridas y se la entregamos a ITT junto con la factura. Tardaron algún tiempo en pagarnos, y llegamos al punto en que, a menos que recibiéramos el dinero, no podríamos pagar los salarios. De modo que llamé a Harold Buttner, mi amigo de ITT, e inmediatamente me hizo una transferencia.

Harold era un buen amigo en muchos aspectos, y cuando dejó ITT inmediatamente le pedí que se uniera al consejo de HP. Se convirtió en uno de nuestros mejores consejeros, y gracias a su experiencia en ITT conocía a gente en prácticamente todas las compañías eléctricas del mundo.

Nuestra experiencia con el contrato de ITT me convenció de que necesitábamos más capital de explotación. Llegué a la conclusión de que lo que teníamos que hacer era conseguir crédito en el Banco de América, el mayor banco de California. Solicitamos un crédito de 500 dólares, y enviaron a un hombre a visitarnos. Evidentemente no quedó muy impresionado por lo que nos dieron el crédito sólo con la condición de que fuera contra las cuentas por cobrar.

Esto no nos gustó mucho, así que nos fuimos al pequeño banco local, Palo Alto National, y me presenté a su presidente, Jud Crary. Dijo que me recordaba de cuando era un atleta en Stanford. Le expliqué nuestro éxito inicial y le dije que ahora necesitábamos un crédito de 500 dólares para ampliar el negocio. Crary escuchó atentamente, me hizo algunas preguntas, y luego escribió una nota y me pidió que la firmara. Salimos de la sala y me dio un talón de 500 dólares. Esta pequeña demostración de fe por parte de Crary fue el principio de una larga y feliz relación. Y cuando finalmente crecimos hasta el punto en que nuestras exigencias financieras superaban los límites legales del banco, fuimos a su banco asociado, el Wells Fargo. Éste envió a un ingeniero retirado a visitarnos. Me pasé toda la tarde con él y recuerdo incluso algunos consejos que me dio. Dijo que mueren más negocios de indigestión que de hambre. Y desde entonces he tenido la oportunidad de observar la exactitud de esta afirmación.

En otoño de 1939, poco después de que nos trasladáramos al edifico de Page Mill Road, recibimos la visita de Melville Eastham, el fundador de General Radio. Con sede en Massachusetts, GenRad, como se la conoce ahora, llevaba ya algún tiempo funcionando y Bill y yo sabíamos que era una buena empresa.

Fred Terman nos había presentado a Eastham, que pasó una tarde con nosotros y nos dio muy buenos consejos sobre cómo organizar y gestionar una empresa. Ya sabía entonces que Eastham se daba cuenta de que íbamos a ser competencia directa de su empresa, y pensaba que nuestra reunión con él iba ser algo incómoda. Sin embargo nos aseguró que la competencia era algo bueno y que era mejor que hubiera dos empresas que introdujeran un nuevo producto, especialmente si incorporaba nueva tecnología, porque así era más creíble para el cliente. Después de la reunión, Eastham y sus colegas de General Radio continuaron siéndonos de ayuda y aunque éramos competidores también llegamos a ser buenos amigos.

Durante 1940 nuestra pequeña empresa continuó creciendo, y a finales de año teníamos unas diez personas en nómina, incluyendo a Harvey Zeiber, el primer empleado al que contratamos cuando aun estábamos en el garaje. También contábamos con nuestra primera secretaria, Helen Perry, y ocupábamos ya el edificio mucho más grande que había delante de la tienda de Tinker Bell.

También aquel año Lu y yo empezamos a construir nuestra familia. En octubre nació nuestro primer hijo, David Woodley. Lu había dejado su trabajo en Stanford, pero continuaba trabajando para la empresa. Lo hacía todo, incluso entrevistar a potenciales empleados.

Dave y Lucile Packard con David Woodley, 1940.

Hewlett tiene que incorporarse a filas

Habíamos nombrado a Bruce Burlingame nuestro representante de ventas en la Costa Este, era un buen amigo del director de los laboratorios Army Signal Corps de Fort Monmouth, Nueva Jersey. En la primavera de 1941, Bill Hewlett, que estaba en la reserva del Ejército, fue llamado a incorporarse al servicio activo. Gracias a la ayuda de Bruce Burlingame pudimos convencer a Signal Corps de que Bill podría contribuir más a la defensa gestionando, junto a mí, el importante trabajo que estábamos realizando en HP. Bill volvió en otoño, pero sólo se quedó hasta poco después del ataque japonés sobre Pearl Harbour, el 7 de diciembre. A los pocos días le volvieron a llamar y pasó el resto de la guerra como oficial en Army Signal Corps. Durante esos años estábamos ambos tan ocupados que tuvimos poco contacto.

HP no era un proveedor de defensa en el sentido de que diseñáramos y construyéramos equipos sólo para los militares. Pero como gran parte de nuestros equipos era comprado por los servicios militares y los proveedores de defensa, crecimos rápidamente durante la guerra. Nuestro volumen de ventas anual llegó rápidamente al millón de dólares, y al final de la guerra teníamos ya doscientos empleados. En Palo Alto había una oficina de empleo del Estado, y conseguimos a la mayoría de ellos a través de esta oficina. Recuerdo haber contratado a un oficial retirado del Ejército, "Cap" Stuart, para que se ocupara de la contabilidad de nóminas y la distribución de los gastos salariales. Hizo un trabajo muy minucioso y se aseguró de que cuadrara hasta el último centrado.

También contratamos a un ingeniero mecánico retirado, Rufe Kingman, que resultó ser un experto diseñador de máquinas. Conseguimos un gran encargo de la Marina que precisaba un servosistema para controlar antenas parabólicas. Rufe sabía cuáles eran las tolerancias requeridas para los cojinetes e hizo un gran trabajo diseñando los engranajes. También diseñó una máquina para hacer tarjetas de plástico donde sujetar los componentes. Formaba bornes con una tira de cobre larga, les hacía agujeros e insertaba y bloqueaba bornes. Con esto teníamos una base para los componentes a muy bajo coste. Utilizamos estas tarjetas en todos los diseños hasta que empezamos a utilizar circuitos impresos. También diseñó un test de destreza manual para ayudarnos a encontrar personas que pudieran montar y soldar los componentes con habilidad. Se trata de una operación relativamente simple, pero si no se hace correctamente puede provocar fallos en el producto.

A principio de los años 40, Bothenes Behn construyó una gran fábrica en Nueva Jersey destinada a fabricar la mayoría de magnetrones para la guerra. Contaba con unos amplios pasillos laterales en la zona de producción para que Behn pudiera acompañar cómodamente a los peces gordos de Washington. Sólo tenía un problema: ¡no podía producir un solo tubo! Desesperado, Behn le pidió a Charlite Litton que volviera y se encargara de la fábrica. Charlie estuvo de acuerdo. Enviaron desde Nueva Jersey a un buen administrador, Jack Copeland, que se puso al frente de la fábrica de Charlie en Redwood City. Jack no tenía ningún conocimiento ni experiencia técnicos, así que me ofrecí para ayudar. Al cabo de un año aproximadamente un gran incendio en los laboratorios Litton Engineering destruyó gran parte de su taller. En aquel momento, HP había construido ya un buen taller en Palo Alto, pero sólo lo usábamos en el turno de día. Así que puse el taller de HP a disposición de Jack y su personal por la noche. Esto encajaba con su programación y les permitió seguir trabajando hasta que pudieron reconstruir y reequipar su propia planta.

Empezamos a trabajar con dos turnos durante la guerra, y en 1943 construimos nuestro primer edificio en el 395 de Page Mill Road para alojar nuestra creciente producción. Aunque la presión por

Línea de producción de Hewlett-Packard, 1944.

cumplir con las fechas límite era enorme, se vivía una gran excitación y se respiraba una gran camaradería. Éramos uno de los tres fabricante californianos que habíamos conseguido el reconocimiento "E" del Ejército en 1943. Sólo el 2,5% de todos los fabricantes de los Estados Unidos habían recibido tal honor. Nuestro personal trabajaba muy duramente, y queríamos reconocer y animar su aportación. Incluso antes de la guerra, Bill y yo habíamos empezado a implementar un plan de incentivos para todos nuestros empleados basado en algo que habíamos aprendido de General Radio. Implicaba utilizar una fórmula complicada, pero en definitiva pagaba a todo el mundo una gratificación en proporción a su salario base en el momento en que la producción excedía determinados niveles. El plan de General Radio era sólo para sus ingenieros. Pero Bill y yo pensábamos que debíamos incluir a todos los trabajadores de HP. Queríamos reconocer la aportación de cada individuo, no sólo de un grupo concreto.

El plan funcionó muy bien y fue de gran ayuda durante la guerra. Los salarios se habían congelado por ley, pero como los planes de este tipo que ya estuvieran en marcha antes de la guerra se podían mantener, pudimos seguir con el programa de primas ligadas a la producción.

Llegó un momento en el que, debido a los grandes aumentos de productividad, la prima de todos nuestros empleados llegó hasta el 85% del salario base por lo que decidimos dejar este plan en concreto. Pero no dejamos la práctica de compartir las ganancias con nuestros empleados. Hasta la fecha, Hewlett-Packard cuenta con un programa de reparto de beneficios que anima el trabajo de equipo y mantiene un vínculo importante entre el esfuerzo del empleado y el éxito de la empresa.

Poco después de la guerra llegué a la oficina y me encontré a dos hombres del Consejo de Renegociación local que me esperaban. La renegociación era un procedimiento establecido por el Gobierno federal para evitar que las empresas tuvieran beneficios excesivos de la guerra. Era un buen programa por el que el Gobierno intentaba permitir un beneficio razonable por un buen rendimiento.

Bill y yo habíamos decidido que íbamos a reinvertir los beneficios para no tener que pedir préstamos a largo plazo. Tenía muy clara esta cuestión, y vimos que éramos capaces de financiar un crecimiento del 100% anual reinvirtiendo los beneficios. Tras hablar de la cuestión con los miembros del consejo, parecían estar impresionados con lo que estábamos haciendo, pero dijeron que sólo podían permitir un máximo del 12% de beneficio sobre el patrimonio. Señalé que nuestro negocio se había estado doblando cada año y que seguiría haciéndolo durante algunos años. También les dije que había dejado mi salario por debajo de lo que debería estar porque no me parecía justo ganar más que Bill en el Ejército. Además, señalé que habíamos controlado los costes hasta tal punto que el Gobierno no podía obtener mejores productos a un precio más bajo. Por estas razones no iba a aceptar un 12% sobre nuestro patrimonio. Dijeron que tendría que exponer nuestro caso en Washington. Y eso es lo que hice, lo que acabó con un acuerdo con el Gobierno que dio a nuestra empresa prácticamente todo lo que pedía.

Entramos en el microondas

Aunque nuestro punto fuerte seguía siendo la producción, empezamos a entrar en el desarrollo de producto al principio de la guerra cuando conocimos a algunas personas del Laboratorio de Investigación Naval. Estábamos interesados en venderles nuestros productos estándar, pero también en descubrir qué otros instrumentos podían necesitar. En nuestra relación con ellos conocimos al Dr. Andy Haeff, que encabezaba una sección del laboratorio. Él y sus colaboradores habían diseñado un generador de señales de microondas y querían fabricar más unidades para la Marina. No teníamos experiencia previa en esa gama de frecuencias, pero estuvimos de acuerdo en fabricar estas unidades. Tuvimos que buscar la manera de hacer la fabricación con nuestra limitada capacidad. Norman Shrock nos ayudó en este proyecto y a pesar de las dificultades conseguimos hacer y entregar algunas unidades en poco tiempo y a un coste razonable. El Dr. Haeff estaba impresionado y nos encargó más trabajos para la Armada. Desarrollamos instrumentos adicionales, y más adelante, de nuevo trabajando con él, construimos un dispositivo desarrollado por su grupo que era capaz de bloquear el radar de los barcos enemigos. Era la base de lo que se denominó el *Proyecto Leopardo*. Estábamos muy concienciados de cumplir los plazos en este proyecto, y trabajábamos todo el tiempo. Recuerdo haberme llevado una cama plegable a la fábrica y haber dormido allí muchas noches.

Esta actividad era muy importante para nosotros. Adquirimos cierto conocimiento técnico que nos ayudó a situarnos a la vanguardia del negocio de la instrumentación microondas, un paso que nos dio pingües beneficios al final de la guerra.

A medida que la empresa crecía durante la II Guerra Mundial, también crecía nuestra línea de productos. Siguiendo la huella del oscilador de audio de Bill, diseñamos un analizador de ondas y diversos analizadores de distorsión. Luego desarrollamos un generador de señales de audio de alta potencia. Este producto obtuvo un mercado excepcionalmente amplio en la fabricación de fusibles de proximidad para los militares. No construimos un voltímetro electrónico en aquel momento porque Balantine Company ya fabricaba uno y sus representantes eran prácticamente los mismos que los nuestros. Al final resultó que el producto de Balantine tenía algunas deficiencias, de modo que acabamos desarrollando nuestro modelo 400A que acabó siendo un producto de gran éxito.

Mantenerse centrados

Aunque todos estos instrumentos diferían entre sí, todos estaban diseñados para medir y probar equipos electrónicos. Reflejaban nuestra estrategia dirigida a concentrarnos en crear un grupo de productos complementarios en vez de hacer un montón de cosas sin relación entre sí. Creo que esta decisión de centrar nuestros esfuerzos fue sumamente importante, no sólo en los primeros días de la empresa, sino también después. Durante la guerra, por ejemplo, podíamos haber aceptado algunos contratos de producción muy grandes, al menos para nosotros. Pero esto hubiera llevado la empresa a un nivel que luego no se hubiera podido mantener. Yo pensaba que no podíamos tomar más de lo que pudiéramos manejar razonablemente, asentando una base sólida haciendo lo que hacíamos mejor: diseñar y fabricar instrumentos de alta calidad.

Desde luego que algunas empresas de electrónica de California eran capaces de aceptar contratos relacionados con la guerra y estaban interesadas. Algunas de ellas pensaban, al menos al principio de la guerra, que no se les daba la parte que les correspondía. Su descontento contribuyó a la formación de la Asociación de Fabricantes Electrónicos de la Costa Oeste. Esta asociación proporcionaba un vehículo a las empresas de la Costa Oeste para presentarse conjuntamente ante Washington. Al principio había una docena de miembros del Sur de California, organizados por Les Hoffman de Mission Bell Radio, que luego se convertiría en Hoffman Radio. Yo organicé un grupo parecido en el Norte, que incluía a Eitel-McCullough, Heintz and Kaufman, Kaar Engineering, y HP. A medida que crecía nuestro sector iba creciendo la asociación. A finales de los 50 se convirtió en WEMA que representaba los intereses de las empresas de electrónica al oeste del Mississipi. En 1978 pasó a llamarse Asociación Electrónica Americana (AEA). Actualmente la AEA es una asociación sectorial de ámbito nacional con más de 3.400 organizaciones miembro en todo el país.

En 1945, cuando acabó la guerra, Bill volvió a Palo Alto justo a tiempo para la Navidad. Pronto estuvo totalmente integrado en la empresa. Algunas de sus experiencias como oficial en Signal Corps resultaron ser bastante útiles, al haber estado implicado en diversos proyectos científicos y de ingeniería. Había conocido a bastantes técnicos, algunos de los cuales más adelante vinieron a trabajar con nosotros.

El final de la guerra trajo algunos problemas inquietantes para la mayoría de las empresas, y nosotros no fuimos inmunes a ello. Como cabía esperar, hubo un importante declive en nuestro campo y el correspondiente descenso en el empleo. Muchas mujeres que habían trabajado con nosotros durante la guerra dejaron sus puestos al acabar ésta. Sin embargo, conseguimos mantener a nuestro personal clave, y la ralentización nos dio la oportunidad de buscar y atraer a algunos buenos técnicos. Estábamos muy interesados en algunos de los ingenieros que durante la guerra habían trabajado con Fred Terman en el Laboratorio de Investigación de Radio de Harvards y en otros laboratorios relacionados con los militares. Al final conseguimos contratar a Ralph Lee, Bruce Wholey, Art Fong, Ray Demere y Howard Zeidler. Y, más adelante, a George Kan y Horace Overacker. Fueron ingenieros esenciales para desarrollar los valiosos nuevos productos durante el período crítico de posguerra... y a largo plazo, ocuparon puestos fundamentales de la empresa.

He mencionado antes que algunos trabajos que hicimos para la Marina durante la guerra nos dieron la oportunidad de fabricar generadores de señales microondas. Desde aquel inicio habíamos adquirido cierta experiencia en los microondas, y después de la guerra decidimos seguir en este campo. Cabe destacar que General Radio, que en aquel momento era la compañía líder en instrumentación, no creía que hubiera mucho futuro en los equipos de ensayos con microondas. Pero acabó siendo una importante y creciente parte de nuestro negocio. Mientras tanto nos enteramos de que Varian Associates, que contaba con un pequeño negocio de guiaondas, quería dedicar su atención a otras cosas, de modo que en 1950 compramos el negocio de guiaondas de Varian y lo incluimos en nuestra división de microondas.

Si Hewlett-Packard iba creciendo durante los años 40 y 50, también crecía la familia Packard: nuestras tres hijas, Nancy, Susan y Julie, nacieron en 1943, 1946 y 1953 respectivamente. Ello hizo que nos tuviéramos que mudar unas cuantas veces. Después de dejar la casa de Addison, nos fuimos a vivir a una casa en Matadero en el sur de Palo Alto, justo cruzando un descampado que había delante de la tienda de Tinker Bell. Unos años más tarde supe de una casa a medio construir en Los Altos Hills. La compramos, acabamos el edificio, y con los planos que hizo el célebre arquitecto paisajista Thomas Church, yo mismo planté los árboles, los arbustos y los lechos de flores. En 1958 volvimos a mudarnos a una casa más arriba en las colinas, rodeada de campos de albaricoques, en la que todavía vivo.

Capítulo 5
De asociación a sociedad

En 1947 constituimos Hewlett-Packard. Esto nos otorgaba ciertas ventajas fiscales y le daba más continuidad al negocio que una simple asociación. También contratamos gran parte del equipo de dirección que iba a guiar la empresa los siguientes 30 años. Finalmente Ed Porter se unió a nosotros concentrando sus esfuerzos en la producción, Noel Eldred encabezando el marketing y Frank Cavier en las finanzas.

En 1950 nuestra fuerza laboral volvió a conseguir el pico que había alcanzado durante la guerra, unos 200 trabajadores. Tras habernos mudado a una casa prefabricada Quonset más grande, construimos una nave más estable acorde con nuestras posibilidades. La diseñamos para que fuese un edificio de todo uso, y recuerdo haber pensado que si no conseguíamos continuar con la empresa por lo menos podríamos alquilarla como supermercado.

La empresa creció muy rápido a principios de la década de los 50, crecimiento estimulado en parte por la guerra de corea. Pero habíamos construido una buena base sobre la que crecer y, gracias al duro trabajo realizado a finales de los 40, nuestra línea de producción había crecido a más de 100 artículos en 1952. También habíamos mejorado y ampliado nuestra producción para que fuese acorde con el creciente número de productos. Bajo Noel Eldred nuestra red de representantes de venta se había hecho más eficiente y productiva. Entre 1950 y 1951 nuestras ventas se doblaron, y entre 1951 y 1952 se volvieron a doblar.

Dave Packard, Bill Hewlett y Fred Terman fuera del Stanford Electronic Research Laboratory en 1952. Un obsequio de la Hewlett Packard Company proporcionó un ala para laboratorio de instrucción.

Tras la II Guerra Mundial Fred Terman volvió a Stanford del Laboratorio de Investigación Radiofónica de Harvard.

Reanudamos nuestra cercana amistad con Fred, y juntos desarrollamos una beca de investigación por la cual ingenieros graduados en Stanford pudieran diseñar y luego construir un producto para HP. Uno de esos estudiantes licenciados, que había estudiado en Cal Tech, fue Al Bagley. Él quería desarrollar un contador de alta velocidad para medir la radioactividad y se le asignó su proyecto. Resultó ser capaz de crear un contador electrónico capaz de operar a una frecuencia superior a diez megaciclos. Eso lo llevó más allá de su propósito original lo que nos permitió hacer un contador de frecuencia aparte e incorporarlo a la línea de producción de HP. Este contador de frecuencia no era muy fiable y asignamos a uno de nuestros ingenieros, Marv Wilrodt, para dar servicio de reparación en el domicilio de nuestros clientes. El contador era tan útil cuando funcionaba que nuestros clientes toleraban su falta de fiabilidad.

Esto queda muy lejos de lo que hoy en día tenemos que hacer para dar fiabilidad a largo plazo a nuestros productos. Partiendo de este producto, Al Bagley y su equipo de diseño desarrollaron una creciente familia de contadores de frecuencia y productos relacionados que están entre los productos de más éxito que ha ofrecido HP, y que con el transcurso del tiempo, han producido miles de millones de dólares en ventas. Nuestra colaboración con Stanford y Fred Terman continuó, y en 1954 expandimos el programa de la beca y establecimos lo que se llamó el Honors Cooperative Program, que permitía a calificados ingenieros de HP hacer cursos avanzados en Stanford. El programa hizo posible que pudiésemos contratar a jóvenes ingenieros de primer nivel de todo el país con la promesa de que si venían a trabajar para nosotros, y lo creíamos apropiado, tendrían la posibilidad de hacer un posgrado cobrando el sueldo íntegro de HP. Originalmente HP pagaba parte de la matrícula, y más recientemente la matrícula íntegra. Más de 400 ingenieros de HP han obtenido un master o un doctorado a través de este programa que nos ha dado la oportunidad de contratar a los mejores ingenieros licenciados en universidades de todo el país durante muchos años; un importante factor en el éxito de nuestra empresa.

A principios de los 50 Stanford creó el Parque Industrial de Stanford, un desarrollo que estrechó los lazos con la industria local. La Universidad, en buena parte gracias a los esfuerzos de Fred Terman, prescindió de 579 acres de terrenos adyacentes a su campus de Palo Alto para que se convirtiese en un lugar atractivo para los laboratorios de investigación, oficinas e industrias ligeras. Las empresas arrendaban el terreno a Stanford y, bajo estrictas ordenanzas y control arquitectónico, diseñaban y construían sus propios edificios.

En 1956 empezamos a construir nuestros primeros dos edificios en el parque. Varian Associates nos precedió como arrendatario, pero con el paso de los años HP se ha convertido en el mayor arrendatario del parque con un complejo de más de un millón de metros cuadrados en total.

El parque de Stanford, el primero de este tipo en el país, en la actualidad tiene más de 80 arrendatarios. Como Hewlett-Packard, muchas de las empresas tienen estrechos lazos con la Universidad, especialmente con las facultades de Ingeniería y Negocios.

En 1952 hice de ranchero por primera vez. Bill y yo habíamos estado cazando ciervos en un lugar llamado San Felipe justo al sur de la bahía de San Francisco. Nos gustaba la zona, y cuando se puso en venta decidimos emprender juntos la aventura ranchera. Al principio fue de forma familiar. La mayoría de los chicos Hewlett y Packard aprendieron a nadar en la piscina de San Felipe. Los chicos montaban a caballo por las colinas y aprendieron sobre los placeres y los problemas de la cría de ganado. Tras unos años, añadimos al rancho original Los Huecos, territorio que lindaba al sur. Luego compramos ranchos en Idaho y también en Central Valley, California. Hace unos años, unos ecologistas decían que habíamos dañado la sierra de Idaho al criar demasiadas cabezas de ganado. De hecho, debido a ciertas medidas que tomamos Bill y yo para mejorar las tierras, hoy en día hay cinco veces más caza que cuando las compramos.

He disfrutado de muchos placeres como resultado de mi experiencia como ranchero; y también he aprendido unas cuantas cosas. Cada temporada reuníamos el ganado del monte y lo llevábamos al corral. Por el camino teníamos que pasar por una puerta; se trataba de hacerles pasar por la puerta sin hacerles salir en estampida. Me di cuenta, tras mucho probar y equivocarme, que lo que funcionaba mejor era aplicar una presión constante y suave desde la parte trasera. Finalmente, una decidía pasar por la puerta y el resto la seguía. Presionándolas demasiado sólo conseguías hacer que les entrase el pánico y se dispersasen en todas direcciones. Si los dejabas sueltos volvían a sus antiguos pastos.

Cacería en el rancho San Felipe, 1970 (de izquierda a derecha): Ernie Arbuckle, Bill Hewlett, Noel Eldred, Morrie Doyle, y Dave Packard.

Llegar a comprender esto me ha sido útil durante toda mi carrera como directivo.

Otro beneficio que saqué de hacer de ranchero fue mi amistad con Bill Hewlett. Llevando el rancho juntos, así como la empresa, Bill y yo desarrollamos un entendimiento mutuo único. Esta armonía nos ha servido cada día para dirigir HP.

Un año decisivo

En muchos sentidos 1957 fue un año decisivo para HP. A finales de 1956 el número de nuevos pedidos era más elevado que nunca. Nuestra producción había crecido enormemente y habíamos incrementado nuestro número de trabajadores de 779 al 1 de enero de 1956 a 1.268 a 1 de enero de 1957. Nuestro terreno del 395 de Page Mill Road tenía cuatro edificios. En septiembre de 1957 nuestro primer edificio (de seis que había planeados) en el parque industrial de Stanford estaba completado y produciendo. Nuestro segundo edificio, un nuevo laboratorio, abrió en octubre.

En noviembre de 1957 se ofrecieron al público los primeros títulos de Hewlett-Packard. El 10% de las acciones ordinarias que Bill Hewlett y yo teníamos a un precio de 16 dólares la acción. La oferta de 1957, y otras posteriores, ampliaron la base de la propiedad de HP y permitió a nuestros empleados hacerse accionistas. También facilitó la compra de otras empresas a finales de los 50 y principios de los 60.

Otro acontecimiento de 1957 que tuvo significancia para la empresa, especialmente para nuestro negocio fuera de los Estados Unidos, fue el Tratado de Roma. Hasta entonces habíamos hecho relativamente poco para desarrollar nuestra red de productos en mercados extranjeros. Durante unos años habíamos tenido un agente de exportación en San

Francisco que vendía productos HP a través de una red de representantes de ventas internacionales. Esto funcionó razonablemente bien, pero en 1954 era evidente que necesitábamos hacer un esfuerzo más agresivo, por lo que creamos un departamento de exportación que trataba directamente con representantes internacionales.

Cuando se firmó el Tratado de Roma en 1957 las exportaciones de HP suponían el 11% de nuestra facturación total. La importancia del tratado para empresas como la nuestra es que condujo a la creación del Mercado Común europeo, que con el tiempo supuso un inmenso mercado para los productos electrónicos. Pero existía favoritismo a los productos locales y oposición a los importados de los Estados Unidos. por lo que fue crítico para las empresas estadounidenses no sólo establecer presencia en el mercado europeo si no también presencia industrial en Europa.

Bill Hewlett estaba especialmente entusiasmado con el Mercado Común y absolutamente convencido de las prometedoras oportunidades de negocio para HP. Con la ayuda de Bill Doolittle, Ray Demere y el abogado Nate Finch, inmediatamente empezó a investigar los pros y contras de operar en varios países. Tras sopesar sus conclusiones y reducir las opciones viajó a tres países y se citó con banqueros, dirigentes de los gobiernos locales, ejecutivos de empresas productoras y consulados estadounidenses.

En abril de 1959 abrimos una oficina en Ginebra, Suiza, que se convirtió en la sede central europea. En junio HP llevó a cabo una operación de venta en la República Federal de Alemania. En septiembre abrimos una pequeña planta de montaje en el pueblo de Böblingen, cerca de Stuttgart, República Federal de Alemania. Partiendo de esta modesta base fuimos ampliando nuestras operaciones europeas sin cesar. En 1994 Europa constituyó más de la tercera parte del negocio total de HP.

China

Hewlett-Packard produce y vende miles de productos con más de 650 plantas y oficinas localizadas en unos 120 países de todo el mundo. Como hemos dicho muchas veces, nuestro éxito depende en gran medida de dar responsabilidad al nivel donde pueda ejercerse de la forma más efectiva, por lo general al nivel más bajo posible de la organización, el nivel más cercano al cliente.

La presencia de Hewlett-Packard en extremo oriente se remonta a los primeros años de la empresa, hablaremos después de nuestra antigua relación empresarial con Japón y las empresas japonesas.

Fuimos a la República Popular de China en noviembre de 1977 por primera vez como parte del comité Present Danger. Este grupo se estableció porque cierto número de personas, en el cual me incluyo, creía que no estábamos fortaleciendo nuestra capacidad militar lo suficientemente rápido como para contrarrestar el rápido crecimiento de la Unión Soviética. Queríamos que el comité del Present Danger no fuese partidista, por lo que retrasamos el anuncio formal de su formación hasta la investidura en 1977 del presidente Carter. Poco después, el Gobierno chino nos invitó a visitar su país para debatir sobre cómo podíamos nosotros ayudarles a negociar con la Unión Soviética sobre la frontera norte de China.

El general Brent Scowcroft, Joe Fowler (secretario del Tesoro de la administración Johnson), Paul Nitze, Max Kampelman y yo fuimos a China con nuestras mujeres. Nada más llegar nos recibió el ministro de Exterior. El Gobierno nos había organizado un viaje muy interesante que empezaba en Beijing y recorría gran parte del país. Cuando volvimos a Beijing al finalizar nuestro viaje, el ministro nos describió qué opinión tenía su Gobierno de cada una de los países con los que hacía frontera. Recuerdo que cuando tocaba Hong Kong dijo que no nos preocupásemos por su relación con ellos que sino dónde iban a poder vender sus serpientes y sus tortugas. En 1979 se nos invitó a otra visita a un grupo más reducido.

Henry Kissinger acababa de visitar China y los dignatarios chinos se le habían quejado de que no recibían ninguna ayuda de la administración Carter. Kissinger les sugirió que invitasen a ciertos estadounidenses del sector privado y entre otros, dio mi nombre. Poco tiempo después recibí una invitación para hacer una visita como asesor en política industrial y logística militar.

Me entusiasmó muchísimo esa invitación. Finalmente tuve la oportunidad de tener una conversación de peso sobre negocios con los chinos. A toda prisa reuní una delegación especial; Lucile, yo y Chi-Ning Liu, un ingeniero de HP hijo de un general nacionalista chino.

Nuestro anfitrión iba a ser Ye Zhen-hua, subdirector del Departamento de Investigación y Desarrollo del Ejército chino. Como ya había visitado China con anterioridad sabía que quería volver a visitar en Beijing. Le di a mi anfitrión una lista y nos pasamos la primera semana del viaje de turismo. No tenía idea de si estábamos haciendo progresos o no.

Nos dieron el domingo libre. Al día siguiente, cuando nuestro anfitrión se reunió con nosotros, dijo que Wang Zhen, viceprimer ministro y superviviente de la Larga Marcha, nos iba a recibir en el Gran Salón del Pueblo esa tarde, y luego nos ofrecería una cena en el mismo lugar. Inmediatamente supe que íbamos a llegar a buen puerto.

Esa tarde planeamos la semana. Lucile quería ir a Xi'an para ver los soldados de cerámica; desgraciadamente nos dijeron que estaba cerrado. Al día siguiente nos dijeron, «Hoy nos vamos a Xi'an.»

Mientras Lucile contemplaba los guerreros de cerámica, nuestros anfitriones me prepararon dos visitas muy interesantes en la zona: una a una fábrica de radares antiaéreos, donde usaban tecnología de la década de los 50, de la que sabía mucho. Me permitieron examinar los equipos en un campo tras la planta donde los estaban testando. Había unas 4.000

personas en el complejo y éramos los primeros estadounidenses que la visitábamos. Me resultaba obvio que aquello que estaban construyendo no les serviría para nada en el combate moderno, pero no dije nada que no fuesen cumplidos por su trabajo.

Al día siguiente visitamos una planta que fabricaba motores de turbina donde se utilizaba también tecnología soviética de los años 50. Tenían un banco de pruebas para testar el rendimiento de los motores: potencia, consumo, este tipo de cosas.

Traté de elogiar su trabajo, aunque de nuevo su maquinaria estaba fácilmente 20 años desfasada. Les dije a mis guías que de buen grado les organizaría algunos encuentros en los Estados Unidos para que pudieran aprender sobre nuestro trabajo en campos relacionados.

Luego comimos con la familia de Chi-Ning Liu, incluido su hermano y la mujer de éste. Su hermano había servido en la guerra de korea contra los Estados Unidos. Tras la guerra se instaló en Xi'an y se hizo maestro. Tenían tres hijas. La más mayor era una excelente violinista, y la más joven era la campeona local de ping-pong. En esa comida organizaron una competición de ping pong para que la viésemos, y pasamos una interesante velada hablando sobre lo que había pasado en China desde que Chi-Ning Liu había emigrado en julio de 1949.

Volvimos a Beijing, y dos días antes de irnos nos dijeron que querían hacer una *joint venture* con Hewlett-Packard. Dije que me parecía bien, pero quería saber qué reglas iban a aplicarse. Crearon una delegación especial para negociar con nosotros y mandaron una docena de ingenieros a los Estados Unidos para ver cómo llevábamos el negocio. Mi anfitrión chino vino a los Estados Unidos al año siguiente mientras la docena de ingenieros y directivos chinos visitaban nuestro complejo en Palo Alto. Juntos, visitamos nuestro rancho de Merced. Mientras lo visitábamos, él y su gente vieron cómo se marcaba al ganado y degustaron ostras de las Montañas Rocosas. Lu y yo les invitamos a nuestra casa de Big Sur, cerca de Monterrey. Como anfitriones, nos adelantamos a nuestros invitados y, ya en casa, nos dimos cuenta de que no teníamos palillos chinos, por lo que fui a comprar madera e hice una docena de juegos de palillos chinos con madera de secuoya. Cuando llegaron me pidieron que les firmase los palillos que había hecho y se los llevaron a China de recuerdo.

En 1983 invitaron a todo el equipo de dirección de HP a China para que nos reuniésemos con ellos. Nuestra empresa ha gozado de una relación extraordinaria con China desde entonces. Por su parte, los chinos han podido adquirir de nosotros instrumentos necesarios para desarrollar su incipiente industria electrónica. Nuestro negocio es muy activo en China: tenemos varias fábricas allí y vendemos nuestros productos principalmente en la zona industrial de la costa este del país.

Más estructura

Nuestro rápido crecimiento hasta 1956 sacó a la luz ciertas debilidades organizacionales. Con la perspectiva de continuar creciendo, pensé que era el momento de dotar a la empresa de más estructura y de definir me-

Línea completa de productos HP en 1959 – 380 productos.

jor las metas y responsabilidades. En 1957 nuestra línea de productos incluía más de 300 instrumentos, nuestras ventas anuales eran aproximadamente de 30 millones de dólares y teníamos 90 ingenieros desarrollando productos. Era el momento de organizar a esos ingenieros en grupos más pequeños y más eficientes, los dividimos en cuatro grupos de desarrollo de producto diferentes. Cada uno de los grupos centrado en una familia de productos relacionados, con un ingeniero *senior* jefe que a su vez dependía del Dr. Bernard Oliver. Barney Oliver era nuestro viejo amigo de Stanford a quien conseguimos fichar de los Laboratorios Bell en 1952. Le nombramos vicepresidente de investigación y desarrollo.

Una de las nuevas divisiones estaba centrada en instrumentos relacionados con los contadores de frecuencias, otra en las microondas, una tercera en productos de audio y vídeo y la cuarta en osciloscopios.

Hay una historia interesante detrás de nuestro trabajo en osciloscopios. Durante la guerra, Bill Hewlett conoció a un joven y brillante ingeniero llamado Howard Vollum, que le impresionó tanto que me pidió con insistencia que hablara con él. Fue mientras Bill aún estaba en el Ejército. Organicé la visita de Vollum y los dos tuvimos una larga charla. Me dijo que estaba muy interesado en diseñar un nuevo tipo de osciloscopio, que es un instrumento de medida fundamental. Quería diseñar uno con barrido de disparo automático, un concepto de la tecnología de radar.

Durante la conversación nos quedó claro que más que entrar en HP, Vollum quería crear su propia empresa... y le ayudamos a hacer exactamente eso. Le presentamos a Norm Neely y a otros representantes de ventas de empresas de todo el país. De ello nació Tektronix, una empresa con sede en Oregón que llegó a ser el primer proveedor mundial de osciloscopios. Con el tiempo nos dimos cuenta de que si pretendíamos ofrecer una línea completa de instrumentos electrónicos de medida necesitábamos completar la línea con un osciloscopio propio. En 1956 diseñamos nuestro propio osciloscopio, el modelo 150, con el que esperábamos competir con Tektronix. Pero, cuando lo lanzamos, el 150 era poco fiable, y por supuesto hicimos lo que pudimos para mejorarlo. Con la perspectiva que le ofrece el transcurso del tiempo me he dado cuenta de que deberíamos haber entrado en el negocio de los osciloscopios mucho antes de cuando lo hicimos. Pero habiendo creado una familia de osciloscopios bien diseñados y de alta calidad, Tektronix tenía una presencia dominante en el mercado y en los cinco años siguientes sólo pudimos capturar el 15% del mercado. Unos años después diseñamos un osciloscopio dirigido por ordenador con el que fuimos capaces de dominar el mercado.

De vuelta a la reestructuración de nuestro personal de desarrollo de producto había otra razón importante por la que dividimos el departamento. Dicha división permitía a cada ingeniero centrarse únicamente en los productos de su división y trabajar más de cerca con la fuerza de venta asignada a esos productos, lo cual le permitía conocer mejor las necesidades y opinión de los clientes.

Reunión en Sonoma

Otro acontecimiento importante ocurrido en 1957 fue la primera reunión de la alta dirección que se celebraba fuera de la empresa. Fue un encuentro de dos días que tuvo lugar en Sonoma Mission Inn, a unas 70 millas al norte de San Francisco. Asistieron unas 20 personas.

Bill Hewlett y yo decidimos celebrar la reunión como mínimo por tres razones. Primera, pensábamos que era una buena idea juntar a nuestros directivos clave por lo menos una vez al año para tratar políticas y problemas, intercambiar puntos de vista y para hacer planes para el futuro. Segunda, para entonces había más de 1.200 trabajadores en la empresa por lo que se nos hacía cada vez más difícil a Bill y a mí conocer bien a cada uno y tener una percepción personal de todo lo que pasaba. Creíamos esencial que, pese al crecimiento de HP, teníamos que intentar mantener una atmósfera de pequeña empresa para que nuestros directivos clave estuviesen familiarizados con nuestro estilo de dirección y nuestros objetivos.

La tercera razón por la que celebramos la reunión fue para poder presentarle al grupo una lista de objetivos corporativos, que previamente habíamos preparado y discutido Bill y yo, para que la examinasen y la estudiasen. Como experiencia, Bill y yo solíamos pensar sobre cómo debía estar organizada y dirigida una empresa como la nuestra. Creíamos que si conseguíamos ponernos de acuerdo en cuáles eran nuestros objetivos y qué intentábamos hacer, podríamos dar rienda suelta a todo el personal y todos irían en la misma dirección.

Dedicamos buena parte del encuentro de Sonoma a una reunión para revisar y discutir los objetivos propuestos, ya que creíamos firmemente que si nuestros directivos y supervisores iban a guiarse por objetivos escritos debían tomar parte a la hora de desarrollarlos. También señalamos que los objetivos deberían revisarse de vez en cuando y, si fuese necesario, modificarse para el beneficio futuro de la empresa.

Hubo 6 objetivos originales. Con el tiempo los fuimos puliendo, tomando como base nuestra experiencia y los cambios del entorno de la empresa. Publicamos una segunda versión de los objetivos en 1966 que fueron los siguientes:

1. *El beneficio.* Reconocer que el beneficio es la mejor medida individual de nuestra contribución a la sociedad y la fuente última de nuestra fuerza corporativa. Debemos intentar obtener el máximo beneficio posible sin dejar de lado los demás objetivos.
2. *Los clientes.* Luchar por la mejora continua en términos de calidad, utilidad y valor de los productos y servicios que ofrecemos a nuestros clientes.

3. *El campo de interés.* Concentrar nuestros esfuerzos en buscar continuamente nuevas oportunidades de crecimiento pero limitando nuestra participación a campos en los que tengamos aptitudes y a los que podamos contribuir.
4. *El crecimiento.* Impulsar el crecimiento como medida de fuerza y requisito para la supervivencia.
5. *Los empleados.* Darles oportunidades laborales a los empleados de HP que incluyan la oportunidad de compartir el éxito de la empresa que ellos han hecho posible. Darles seguridad laboral basada en la actividad y hacer que se puedan sentir personalmente satisfechos por el cumplimento de su trabajo.
6. *La organización.* Crear un ambiente organizacional que fomente la motivación personal, la iniciativa y la creatividad, y un amplio grado de libertad para trabajar hacia los objetivos y metas establecidos.
7. *La ciudadanía.* Satisfacer nuestra obligación como buenos ciudadanos haciendo aportaciones a la comunidad y a las instituciones de nuestra sociedad que crean el entorno en el que operamos.

Cada uno de estos objetivos iba acompañado de un texto que explicaba por qué se había elegido y detallaba la evolución e importancia de dicho objetivo. Pese a que no están los textos íntegros, me referiré a estos objetivos en las próximas páginas cuando hable de ellos en el contexto de lo que se ha llamado el estilo HP.

Toda organización, todo grupo de personas que ha trabajado junto durante un tiempo, desarrolla una filosofía, un conjunto de valores, una serie de tradiciones y costumbres que en su totalidad son únicos para la organización. Igual que le pasa a Hewlett-Packard. Tenemos un conjunto de valores, convicciones profundamente arraigadas que nos guían hacía nuestros objetivos, al trabajar unos con otros, y al tratar con los clientes, accionistas y otros. Nuestros objetivos corporativos están creados sobre estos valores. Dichos objetivos sirven como guía para la diaria toma de decisiones. Para ayudarnos a alcanzar los empleamos varios planes y prácticas. Es la combinación de todos estos elementos: nuestros valores, objetivos corporativos, planes y prácticas lo que forma el estilo HP, que es objeto de los siguientes capítulos.

Capítulo 6
Crecimiento a partir del beneficio

En Hewlett-Packard (como en otras empresas), las personas, los materiales, las instalaciones, el dinero, y el tiempo son los recursos disponibles para llevar nuestro negocio. Aplicando nuestras habilidades, convertimos dichos *inputs* en productos y servicios útiles. Si hacemos un buen trabajo, los clientes pagan más por nuestros productos que la suma de los costes de producción y distribución. Esta diferencia, nuestro beneficio, representa el valor que añadimos a los recursos que utilizamos.

Es imposible llevar un negocio a largo plazo si no genera beneficio, por lo que la persecución de cualquier otro de sus objetivos ha de generar beneficios para una empresa. Nuestra habilidad de servir debidamente a nuestros clientes, de financiar investigación y desarrollo, de ofrecer oportunidades laborales gratificantes y de contribuir en las comunidades en las que operamos depende directamente de nuestra habilidad para obtener un beneficio adecuado. El beneficio que generemos en nuestras operaciones es la fuente primordial de fondos necesarios para prosperar y crecer. Es la base de las oportunidades futuras y la seguridad laboral.

El beneficio que razonablemente se puede esperar de cada producto depende de su situación competitiva, de su valor y de la inversión de capital necesaria para producirlo. Por consiguiente, no se ha de esperar el mismo nivel de beneficio de cada producto, división o unidad de la empresa.

Hace 60 años nuestro país estaba inmerso en la Gran Depresión. Miles de negocios cerraron sus puertas, una de cada tres personas de la población activa estaba sin trabajo. Bill Hewlett y yo crecimos durante la Depresión. Observamos el devastador impacto que tuvo en las personas, incluidos muchas familias y amigos cercanos a nosotros.

Mi padre fue nombrado tasador de quiebras del estado de Colorado. Cuando volvía a Pueblo en los veranos de los años 30, solía ayudar a mi padre a revisar los documentos de las empresas que habían quebrado. Me di cuenta de que los bancos embargaban a las empresas que habían hipotecado sus activos, y estas empresas se quedaron sin nada. Aquellas compañías que no pidieron dinero pasaron tiempos difíciles, pero salieron con sus activos intactos y sobrevivieron a los años posteriores a la Gran depresión.

Por esta experiencia decidí que nuestra empresa no debía endeudarse a largo plazo. Por esta razón Bill y yo determinamos que operaríamos con el sistema *pay-as-you-go*, financiando nuestro crecimiento principalmente a partir del beneficio en vez de pedir préstamos. Sabíamos que la autofinanciación era posible porque General Radio, una empresa que admirábamos, había estado en el negocio varios años, con éxito, y nunca había buscado financiación exterior. Pensábamos que si ellos podían hacerlo, nosotros también. Y lo hemos hecho; durante más de 50 años.

Sé que en ciertas industrias, particularmente en las que requieren grandes inversiones de capital, el sistema de autofinanciación no es viable. También sé que se ha hecho común en la industria cubrir las necesidades de capital sumándole a los beneficios financiación propia y externa a largo plazo. Los que abogan por este enfoque dicen que así se incrementa el beneficio. Quizá sea cierto, pero teníamos una firme política de autofinanciarnos y de no endeudarnos sustancialmente.

Nuestra política ha sido reinvertir la mayoría de nuestros beneficios, y con ellos, más fondos procedentes de la compra de acciones por parte de los empleados y otros *cash flows* financian nuestro crecimiento. El plan de adquisición de acciones por parte de los empleados les permite obtener acciones de HP a un precio preferente a cambio de un tanto por ciento de su sueldo. La empresa paga una parte del precio de la acción. El plan lleva en funcionamiento desde 1959 y nos ha supuesto una gran cantidad de liquidez que nos ha ayudado a financiarnos.

Al poner en marcha el plan de compra de acciones cometimos un importante error. No pusimos como requisito que los empleados que decidiesen comprar acciones (a un precio preferencial) las conservaran. Es un hecho probado que cobre lo que cobre un empleado, quiere un 10% más. Vimos que muchos de los empleados que participaban en el plan de opción de compra preferencial de acciones las vendían inmediatamente después de adquirirlas. Incluso empleados de rango alto habían dado órdenes de venta tan pronto como las recibieran.

Esta situación se corrigió, pero es irónico que muchos de los empleados que conservaron sus acciones y las vendieron al retirarse, obtuvieron ganancias superiores al millón de dólares.

Un test crítico

Nuestra política de autofinanciación no solamente requiere un nivel aceptable de beneficios, también precisa de una buena gestión de activos. Esta política nos condujo a un test crítico a principios de la década de los 30. A continuación de un período de recesión y crecimiento lento a nivel mundial la empresa se enfrentó a un mercado que se recuperaba. Con una liquidez limitada para operar consideramos seriamente endeudarnos en unos 100 millones de dólares a largo plazo. Habíamos puesto precios demasiados bajos a algunos de nuestros productos, nuestros inventarios y cuentas pendientes de cobro estaban a niveles alarmantemente altos y no lo estábamos haciendo muy bien en cuanto a control de costes. Pero estaba convencido de que corregiríamos el problema teniendo más disciplina. Rápidamente visite casi todas nuestras divisiones de mayor importancia, viéndome con gran cantidad de directivos y hablando con ellos de lo que posteriormente uno de ellos llamó el "discurso de Dave". La respuesta fue impresionante. Nuestros directivos se pusieron a trabajar muy en serio... los inventarios se redujeron tremendamente, se aminoraron las cuentas pendientes de cobrar y se mejoró el control de los costes. Todo el equipo trabajó en el problema y la empresa experimentó un período de crecimiento fuerte y rentable sin tener que recurrir al endeudamiento a largo plazo.

Analizando nuestras cuentas pendientes de cobro encontramos nuestras mayores debilidades. Muchos de nuestros clientes compraban productos HP a distintas entidades para crear un sistema y no pagaban ningún producto hasta que no recibían el último elemento del sistema.

Cambiamos dicho procedimiento y pasamos a montar y probar el sistema antes de entregarlo, de tal modo que nos permitía cobrar antes. Esto incentivó a las entidades HP para acelerar la producción de productos, nos permitió asegurarnos de que el sistema funcionara y resolvimos nuestros problemas con las cuentas pendientes de cobro.

Una consecuencia positiva de este episodio fue el claro recordatorio de que la autofinanciación requiere vigilancia constante y disciplina.

Responsabilidad con los accionistas

Un elemento importante del estilo HP es la relación de la empresa con sus accionistas y la comunidad inversora. Un objetivo principal en este campo es tener solidez en nuestra actividad corporativa y un constante crecimiento de los beneficios y el patrimonio. Obviamente, esto no es posible ni para la mejor de las empresas pero, con los años, el desempeño de Hewlett-Packard ha resultado bastante bueno.

La primera acción ordinaria de HP se creó en 1947, cuando nos constituimos en sociedad. Diez años después, para ampliar el accionariado, Bill y yo hicimos una oferta pública de venta del 10% de los tres millones de acciones sin desembolsar. En 1957 la empresa distribuyó 60.000 nuevas acciones más entre los empleados como bonificaciones, a la vez que les ofrecimos otras 50.000 en opciones de compra. En ese tiempo comenzaron las primeras contrataciones públicas en el mercado OTC.

En 1959 iniciamos nuestro programa de adquisición de acciones por parte de nuestros empleados. Su participación ha sido activa y el plan original continúa siendo efectivo hoy en día. En 1961 se aceptaron los valores HP para cotización tanto en la Bolsa de Nueva York como en la del Pacífico, y en los últimos años se cotizan en las principales bolsas del extranjero.

Teníamos dos objetivos principales cuando nos abrimos al público en 1957. Uno era ampliar el accionariado de la empresa, especialmente haciendo partícipes a nuestros empleados. Otro era tener capital disponible por si se daba el caso de querer adquirir alguna otra empresa. Suele ser más práctico adquirir empresas vía intercambios de acciones que comprándolas. Como resultado, la mayoría de las compañias que adquirimos en la década de los 60 fue intercambiando acciones.

El día que salimos en la Bolsa en Nueva York tuvimos algún contratiempo. Algunos de nosotros habíamos volado a esa ciudad el día anterior y nos hospedamos en el hotel Essex House, que quedaba a las afueras. La mañana siguiente nos levantamos pronto para ir a Wall Street. Ni se me pasó por la cabeza coger un taxi, y nos metimos en el metro dirección al centro. Desafortunadamente yo no estaba acotumbrado a usar el metro;

HP sale a la venta en la bolsa de Nueva York el 17 de marzo de 1961 (de izquierda a derecha): Dave Packard; Keith Funston, presidente de la bolsa de Nueva York; y Mortimer Marcus, especialista en bolsa.

tras mucho debatir sobre el tema, nos equivocamos haciendo trasbordo en Times Square. Llegamos a Wall Street unos minutos tarde, al llegar nos atendió inmediatamente el presidente de la Bolsa, Keith Funston, en un gran despacho. Se rió cuando le expliqué que nos habíamos perdido en el metro. Creo que no comprendía cómo podíamos haber ido en metro a un acontecimiento tan importante. ¡Pero lo hicimos!

Creo que con el transcurso de los años nuestras comunicaciones con los accionistas y la comunidad inversora han reflejado nuestra filosofía fundamental y el estilo HP. Hemos intentado por todos los medios ser directos y sinceros, y hemos practicado una total transparencia sin demora en la comunicación de acontecimientos o desarrollos que pudiesen tener un efecto real o potencial en el precio de las acciones de Hewlett-Packard.

Wall Street, centro de atención a corto plazo

Se ha dicho y escrito mucho sobre la fijación de Wall Street en los resultados trimestrales. Y realmente la obsesión por los resultados a corto plazo suele tener un efecto importante en el precio de las acciones de una empresa.

Siempre es posible mejorar los beneficios durante un tiempo reduciendo el nivel de inversión en el diseño y en la ingeniería de nuevos productos, en el servicio al cliente, o en nuevos edificios o equipos. Pero a largo plazo se paga un severo precio si se pasa por alto alguna de estas áreas. Una de las más importantes tareas que tenemos como directivos es mantener el nivel apropiado de beneficio a corto plazo e inversión para asegurar crecimiento y solidez futuros.

Sacar buenos productos nuevos es vital para empresas técnicas como la nuestra, aunque nuestros niveles de negocio varíen año tras año. El motor de nuestras contribuciones en términos de productos ha sido siempre un fuerte esfuerzo en investigación y desarrollo. Con los años, nuestro gasto medio en I+D ha variado entre el 8 y el 10% de nuestras ventas, y en los últimos años ha superado ese 10%. A la hora de llegar a nuestro objetivo en beneficios somos conscientes añadiendo solidez y valor a la empresa.

Poner precio a los productos nuevos es una tarea importante y desafiante a la vez. Muchas veces un producto se introduce en el mercado a un precio demasiado bajo para poder obtener beneficios adecuados a corto plazo. Se piensa «bajaremos costes y obtendremos un beneficio adecuado»; pero esto rara vez ocurre.

A menudo, la fijación de precios cae presa de los objetivos de "cuotas de mercado". Muchos directivos de la industria estadounidense tienen la idea fija de intentar capturar la mayor cuota de mercado posible, muchas veces poniendo un precio más barato que el de la competencia, lo que corto plazo suele producir un impresionante volumen de ventas… pero a costa de lograr un pequeño, si no nulo, beneficio.

El 1972 introdujimos un producto que redefinía el mercado de las calculadoras. Era la calculadora de mano modelo 35, la primera. La pusimos a 395 dólares, precio alto para muchos y excesivo para unos cuantos. Pero la calculadora era tan *valiosa* que al ponerla en el mercado se nos agotaban las existencias. No muchos meses después ya teníamos una dura competencia, empresas que ofrecían calculadoras a precios substancialmente por debajo del de HP. Su meta, que inmediatamente admitieron, era robarnos cuota de mercado… y lo hicieron. Pero a largo plazo obtuvimos beneficios manteniendo los costes bajos.

Para entonces nuestra política en HP era considerar que una alta cuota de mercado era consecuencia de hacer las cosas bien: de ofrecerle al cliente mejor producto y servicio manteniendo los costes bajos. Ésta ha sido una política básica desde el comienzo de nuestra empresa, y esperamos continuarla en el futuro.

Capítulo 7
Compromiso con la innovación

Cuando Bill Hewlett y yo hicimos nuestros planes iniciales para nuestra aventura empresarial en 1937, todavía no habíamos centrado nuestro interés y energías en el campo de la instrumentación electrónica. Lo que decidimos, no obstante, fue que queríamos dirigir nuestros esfuerzos a hacer importantes contribuciones técnicas para que avanzase la ciencia, la industria y el bienestar humano. Era una noble y ambiciosa meta. Pero desde el principio Bill y yo sabíamos que no queríamos ser una empresa que simplemente copiara productos que estuviesen en el mercado. En la actualidad, HP continúa esforzándose en desarrollar productos que representen un auténtico avance.

Los productos Hewlett-Packard originales eran instrumentos electrónicos de medida. Al crecer, nuestra línea se expandió también, y a la vez nuestro campo de interés. Después de la II Guerra Mundial nos esforzamos mucho en diseñar instrumentos mejores. Nos dimos cuenta de que para que un nuevo instrumento tuviese éxito tenía que incorporar nueva tecnología y ser útil. Esto significa que los instrumentos nuevos más importantes deberían combinar nueva tecnología y comerciabilidad. A veces nos encontrábamos con oportunidades de desarrollar productos que incluían nueva tecnología en áreas donde no teníamos potencial comercial. Se los vendíamos a empresas que sí lo tuvieran.

En 1949 empezamos a editar una publicación mensual llamada *HP Journal* después de que la General Electric sacase una llamada *The experimentor*. El *HP Journal* explicaba la tecnología utilizada en el desarrollo de nuevos e importantes productos. Pese a que esa información era útil para la competencia, creíamos que los beneficios eran mayores que las desventajas. El *HP Journal* se publicaba mensualmente y solía contener varios artículos que describían nuevos desarrollos y sus aplicaciones. No cubría todos los descubrimientos que hacíamos pero sí los más importantes.

Durante mucho tiempo estuvimos trabajando con frecuencias de cuarzo. Durante la realización de este trabajo nos enteramos de la existencia de un científico de Colorado llamado Don Hammond que estaba haciendo un gran trabajo con el cuarzo. Le ofrecimos entrar en la empresa. Desarrolló para nosotros varios aparatos nuevos usando cuarzo. Uno era un termómetro que medía la temperatura con un error de 0.0001 grados centígrados. Se podía colocar a cierta distancia de la lectura digital sin perder precisión y podía hacer varias cosas que ningún otro termómetro podía hacer.

Nuestro interferómetro láser fue otro hito en la tecnología. Usaba un láser de dos frecuencias y podía hacer mediciones precisas hasta una millonésima de pulgada. Es ideal para medir la precisión de máquinas herramienta y se puede usar para medir distancias de hasta 60, 90 metros. En este proyecto participaron un gran número de nuestros ingenieros. Len Cutler y Al Bagley lo capitanearon. Joe Rando, John Dukes, Gary Gordon, Andre Rude, Kenneth Wayne, Richard Baldwin, Glenn Brugwald, Willian Kruger, entre otros, trabajaron en él. El proyecto se describió en el *HP Journal* de agosto de 1970. Ha sido el número uno del mercado desde entonces.

Una de nuestras más importantes contribuciones tiene que ver con los diodos emisores de luz. Hicieron falta más de seis años de investigación y desarrollo en materiales emisores de luz. Nuestro trabajo en otros campos como el de la tecnología de estado sólido y de circuitos integrados también ayudó. A principios de las década de los 60 teníamos el trabajo en LEDs listo para ser implementado en otras áreas pero ninguna de nuestras divisiones quiso utilizarlo entonces. Pese a ello, Bill Hewlett y yo creímos que debíamos seguir trabajando en ello. En 1972 hizo posible la calculadora de bolsillo, y ha sido el *display* de muchas aplicaciones desde entonces. Howard Borden y Gerald Pighini describieron el desarrollo en el *HP Journal* a finales de la década de los 60. Las aplicaciones LED se han expandido mucho más de lo que creíamos entonces. Hemos continuado desarrollando los diodos emisores de luz, y nuestra última contribución son los diodos emisores de luz más brillantes del mundo. Serán muy útiles para las luces traseras y los intermitentes de los coches. El primer coche en incorporarlas ha sido el Thunderbird, en 1995. Son mucho mejores que las luces incandescentes. No se funden y usan menos energía. Aumentarán unos 450 metros por litro la distancia recorrida de los automóviles, por lo que se amortizan muy rápidamente. No pasará mucho tiempo hasta que todos los coches del mundo vayan equipados con estos diodos emisores de luz.

La clave del futuro de HP en cualquier campo es la *contribución*. Nuestro objetivo es expandirnos y diversificarnos sólo en las direcciones que nos permitan fortalecer nuestra solidez y donde tengamos la capacidad suficiente para hacer contribuciones. Para conseguir este objetivo es importante que pongamos el máximo esfuerzo en nuestros programas de desarrollo de producto. Esto significa que tenemos que estar siempre buscando nuevas ideas para nuevos y mejores tipos de productos.

Un flujo constante de nuevos y buenos productos es parte vital de Hewlett-Packard y la esencia de nuestro crecimiento. Al inicio desarrollamos un sistema para medir el flujo y el éxito de nuevos productos. El sistema se representaba en un gráfico de cinco años.

Durante los 70 y principios de los 80, dado que la mayoría de productos estaban relacionados con la informática, nuestros gráficos mostraban que éstos seguían vendiéndose bien mucho después de ser lanzados al mercado ya que los nuevos desarrollos eran básicamente software. El nuevo software alargaba la vida de nuestros productos varias décadas. Esto significaba que nuestros clientes podían contar con sus ordenadores durante mucho tiempo. Esto nos ayudó a hacernos un hueco en un mercado que había sido dominado por IBM y DEC.

En HP, como en otras empresas técnicas, no hay escasez de ideas. El problema es saber elegir aquellas que mejor atiendan las necesidades del mercado.

Una idea ha de ser práctica (el aparato deberá funcionar bien) y útil para que la llevemos a la práctica. Un pequeño número de nuestras ideas prácticas son útiles. Para ser útil, un invento no sólo tiene que satisfacer una necesidad, ha de ser una solución eficiente y económica para esa necesidad.

Cuando HP hacía sus primeros instrumentos de medida y de ensayo para ingenieros, teníamos un método para determinar qué iban a necesitar nuestros clientes en términos de desarrollo de nuevos instrumentos. Lo llamamos el síndrome de la "mesa de al lado". Si al ingeniero de la mesa de al lado le impresionaba una nueva idea, muy posiblemente le pase lo mismo a nuestros clientes. Cuando nuestro negocio creció la respuesta de nuestros clientes no ingenieros fue un factor básico a la hora de decidir qué productos o ideas debíamos seguir. Siempre nos preguntábamos, «¿Cómo podemos hacer una contribución basada en nuestra solidez y nuestro conocimiento?» Y luego, «¿quién la necesita?».

Ninguna empresa tiene recursos ilimitados por lo que es esencial que estos recursos se apliquen a los proyectos que tengan la mayor posibilidad de éxito. En HP solíamos seleccionar proyectos a partir de una ratio de seis a uno en términos de retorno; es decir, que durante su vida como producto fuesen a generar unos beneficios seis veces superiores a su coste. Casi siempre los proyectos que iban a generar un retorno seis veces superior a su coste eran los más innovadores.

El Instituto de Ingenieros de Radio (IRE en inglés) era la sociedad profesional de la gente dedicada a la radio ingeniería. Cada año la sociedad se reunía en Nueva York. Durante la reunión se hacían algunas demostraciones de equipos de radio de diferentes fabricantes. En primavera de 1940 fui a mi primera reunión del IRE en esa ciudad. Me salió barato porque me hospedé con unos amigos. La demostración ese año era en el salón del Commodore Hotel. Tenía una mesa de 1,20 x 2,40 metros donde enseñar nuestros instrumentos Hewlett-Packard. Desde su comienzo en 1940, la exposición del IRE creció rápidamente, yo fui a todas las ediciones hasta que en 1969 me hice subsecretario de Defensa de los Estados Unidos. Unos años antes el número de afiliados del IRE había crecido y éste pasó a llamarse el Institute of Electrical and Electronics Engineers, comúnmente llamado IEEE.

Al principio íbamos a la convención de Nueva York en tren. Lo cogíamos en San Francisco el viernes por la tarde y llegábamos a Chicago el domingo por la mañana. De ahí cogíamos otro tren que llegaba a Nueva York el lunes por la mañana. De vuelta solíamos pasar un día o dos en Chicago. Nuestro representante de ventas de Chicago era un caballero muy elegante llamado Al Crossley. Siempre me había divertido visitar cosas con él porque cada cosa que nos enseñaba era "la mayor del mundo". La exposición de Nueva York duraba tres o cuatro días, durante los cuales los expositores intentaban atraer al mayor número de clientes y posibles clientes para enseñarles sus nuevos productos. Nosotros también examinábamos los productos de la competencia. Las jornadas eran largas, y después de cenar solíamos ir a Greenwich Village para escuchar algo de música Dixieland.

Con el tiempo la convención se hizo mayor en tamaño e importancia y atraía a miles de visitantes. Se convirtió en un punto clave para nuestros esfuerzos en el desarrollo de productos. Cada año había mucha presión para tener los productos "listos para el IRE", y a veces llevábamos a Nueva York algunos que no estaban del todo a punto. En ese caso nos pasábamos la noche entera si era necesario asegurándonos de que el aparato iba a funcionar en la demostración al día siguiente.

Los directores de laboratorio se enfrentaban a un gran reto a la hora de negociar con inventores entusiastas que presentaban sus creativas e innovadoras ideas; ideas que tras minuciosos y objetivos análisis eran desestimadas. ¿Cómo podía hacer el director para darle apoyo y ayuda al inventor para que mantuviese su entusiasmo frente a una decepción como ésa?

Muchos de los directivos de HP han expresado admiración por cómo Bill Hewlett manejaba estas situaciones. Un directivo lo llamo el proceso "del cambio de sombrero" de Bill. Siempre que Bill se encontraba con un inventor entusiasmado con su nueva idea se ponía el sombrero "entusiasmo". Escuchaba, expresaba entusiasmo cuando era necesario y apreciación en todo momento, a la vez que hacía preguntas generales no demasiado inquisitivas. Unos días más tarde iba al inventor con un sombrero llamado "interrogatorio". Era momento de hacer preguntas concretas, una comprobación exhaustiva de la idea, momento de intercambiar información. Sin haber tomado una decisión final, la sesión se posponía. Poco después Bill se ponía el sombrero de "tomar las decisiones" y se iba a ver otra vez al inventor. Con la lógica y sensibilidad apropiadas, juzgaba y tomaba una decisión sobre la idea. Este proceso le daba al inventor una sensación de satisfacción

HP muestra su primer ordenador en 1967 en la feria IEEE de Nueva York.

aunque la decisión hubiese sido rechazar el proyecto; un hecho muy importante para que permaneciesen el entusiasmo y la creatividad iniciales.

Entrada en la era informática

En 1994 las ventas de HP en productos, servicios y soporte informáticos alcanzaban casi los 20.000 millones de dólares o, lo que es lo mismo, el 78% del total de la facturación de la empresa. En 1964 nuestras ventas ascendieron a 125 millones de dólares, y procedían exclusivamente de la venta de instrumentos. Ni un solo centavo procedía de la venta de productos informáticos.

Esto implica una impresionante transformación en nuestra empresa y negocio. Me gustaría decir que previmos el profundo efecto que los ordenadores tendrían en nuestro negocio y que nos preparamos para sacar provecho cuanto antes de la era informática. Por desgracia, este orgullo no sería justificable. Sería más apropiado decir que nos vimos empujados hacia la informática por la revolución que estaba cambiando la electrónica.

A principio de los años 60, se hizo evidente que los ordenadores desempeñarían un papel importante en el campo de los instrumentos. Se reconocía que un ordenador podía mejorar unas diez veces la precisión de un instrumento electrónico, o más, además de hacer que sus resultados fueran más útiles.

Viajé a Nueva Inglaterra para investigar a varias pequeñas empresas informáticas. Para mí estaba claro que Digital Equipment Company (DEC) contaba con algunos productos prometedores. Les visité y discutimos la posibilidad de que se unieran a nosotros. Parecía que podíamos adquirir DEC por unos 25 millones de dólares. Pero hubo algunos factores que lo complicaban y decidimos no llevar el asunto adelante. También visité Wang Laboratoires, que estaban diseñando una calculadora electrónica, pero en aquel momento pensé que no nos convenía entrar en la fabricación de calculadoras electrónicas.

Entretanto, dos de nuestros ingenieros, Kay Magleby y Paul Stoft, empezaron a experimentar con la construcción de un ordenador. Me presentaron una idea de un sistema de ordenadores HP haciendo funcionar instrumentos HP que estaban conectados a nuestras impresoras y *plotters*. Empecé a emocionarme acerca de la posibilidad de un ordenador con la firma HP.

En septiembre de 1964 empezamos a desarrollar un controlador automático para sistemas de medida, con Kay Magleby a la cabeza del equipo. Éste iba a ser nuestro primer microcomputador, el modelo 2116. Aunque el trabajo se inició en los laboratorios de Hewlett-Packard, compramos un pequeño grupo informático de Union Carbide para ayudar al personal en su esfuerzo. Éste fue el núcleo de nuestra primera división informática de Cupertino, cerca de Palo Alto.

Pronto observamos que estábamos vendiendo más 2116 como microordenadores sueltos que como controladores en sistemas de medida automáticos. Y aún así reaccionamos lentamente. Un ejemplo de nuestro enfoque precavido fue el modo que tuvimos de manejar un proyecto prometedor con el nombre en código de Omega. Iniciado por nuestro personal de Cupertino Omega era lo que debía haber sido, a principio de los 70, el primer ordenador de 32 bits del mundo. El término 32 bits hace referencia a la longitud de la palabra usada en el formato de datos del ordenador y a la amplitud de los buses paralelos utilizados para transportar los datos en la máquina. En 1968 el estándar era 16 bits. Una máquina de 32 bits requeriría más hardware, pero sería el doble de rápido y podría acceder directamente a miles de veces más memoria.

La perspectiva de producir un ordenador tan rápido y potente había provocado un tremendo entusiasmo entre el personal de Cupertino y pronto contaron con un prototipo de Omega. Sin embargo, para entonces había una creciente preocupación entre la alta dirección sobre el alcance del proyecto. Representaba claramente un alejamiento de los principios básicos de HP. Era caro. Tendríamos que endeudarnos para financiarlo, y en vez de construir sobre los puntos fuertes de HP que ya existían, el proyecto requería unos conocimientos y capacidades de las que no disponíamos entonces, como un centro de procesamiento de datos electrónicos, aplicaciones de procesamiento de grandes empresas, servicio 24 horas, además de actividades de *leasing* y ventas. Lo más importante era el hecho de que el proyecto del ordenador de 32 bits representaba un desafío de marketing nuevo e impresionante. Nos llevaría a mercados comerciales desconocidos y en competencia directa con IBM. El sabio consejo de Bill Hewlett siempre había sido: «No intenten tomar una colina fortificada, especialmente si el ejército que la protege es mayor que el suyo.» Omega era exactamente esto. Cancelamos el proyecto: una decisión difícil y controvertida.

La cancelación de Omega provocó una gran desilusión entre el personal de Cupertino. La persona que había estado dirigiendo el proyecto dejó la división (y, poco después, la empresa). Varios de los que se quedaron llevaban un brazal de terciopelo negro en señal de duelo por el proyecto cancelado. Quizá se cancelara... ¡pero no se abandonó! Al final resultó que algunos de los entusiastas de Omega mantuvieron el proyecto escondido en una pequeña sala del laboratorio y siguieron trabajando en él.

Entonces algunos directores e ingenieros clave miraron el proyecto desde otra perspectiva. Llegaron a la conclusión de que incluía algunas buenas ideas por lo que se refería a arquitectura informática y, si podíamos reducirlo a la escala de dieciséis bits y simplificar el sistema operativo, podríamos obtener un producto prometedor. De modo que el programa se redirigió y rebautizó con el nombre de Alpha. El resultado fue una sofisticada máquina de 16 bits, de bajo coste, para procesar transacciones empresariales en línea de pequeño a mediano tamaño. Alpha se convirtió en el primer ordenador HP de uso general, que se introdujo en 1972 con el nombre de HP3000. El HP3000, con su sistema operativo MPE, es uno de los ordenadores más duraderos del sector informático. Más de 20 años después de su introducción sus descendientes están empezando a quedar obsoletos.

Calculadoras electrónicas: un nuevo y brillante mercado

Cuando visité Wang no pensé que HP tuviera que entrar en el negocio de las calculadoras. Todo cambió, sin embargo, cuando un joven ingeniero llamado Tom Osborne visitó HP en 1966. Tom había trabajado al otro lado de la Bahía de San Francisco en Smith Corona Marchant, proveedor de calculadoras mecánicas. Había construido un modelo de calculadora electrónica del tamaño de una máquina de escribir, y había estado intentando sin exitó vender la idea a varias empresas. En HP mostró su modelo a Paul Stoft, uno de los principales directores del laboratorio, y a Barney Oliver. Tanto ellos como Bill Hewlett y yo mismo reconocimos que Osborne tenía una mina en aquella máquina que quizás pudiera desarrollarse para convertirse en una calculadora de sobremesa capaz de calcular, silenciosa y rápidamente, funciones trigonométricas, hiperbólicas y logarítmicas, además de ser programable. Dejaría atrás las ruidosas calculadoras mecánicas y las engorrosas tablas de funciones que ocupaban los estantes de los ingenieros.

Junto con Tom Osborne, un equipo de HP desarrolló la calculadora de sobremesa modelo 9100, que fue un gran éxito en el mercado además de todo un ejemplo de diseño innovador. Se desarrolló antes de los tiempos de los circuitos integrados a gran escala, de modo que incluía un circuito impreso de 14 capas, el más exigente que habíamos producido. Entre los admiradores de la 9100 estaba Arthur C. Clarke, el escritor de ciencia ficción, autor de *2001: Una odisea en el espacio*. Sus admiradores de HP descubrieron que quería una para Navidad, e hicieron una colecta para comprársela. Inmediatamente la bautizó como HAL Júnior, el nombre del ordenador de la película, y dijo que era exactamente la calculadora que había dibujado en su libretita un día que soñaba con lo que realmente le gustaría a un ingeniero. Yo me llevé una 9100 conmigo a Washington cuando me incorporé al Departamento de Defensa en 1969.

Aunque la 9100 tuvo un éxito inmenso, la parte más emocionante de la actividad de calculadoras de HP aún estaba por venir. A medida que estuvieron disponibles memorias de circuito integrado de menor potencia y más grandes, y procesadores de circuito integrado, muchos de los ingenieros que habían creado la 9100 se mostraron deseosos de comprimir su funcionalidad en un dispositivo de mano y cumplir el deseo de Bill Hewlett de desarrollar una calculadora que cupiera en el bolsillo de una camisa.

La calculadora llamada HP35 porque tenía 35 teclas se presentó en 1972. Aproximadamente un mes antes de lanzamiento, Barney Oliver dio muestras de la 35 a varios ingenieros de importancia y premios Nóbel de física. Las multitudes que atrajeron cuando mostraban de forma informal este "juguete" en las reuniones y convenciones probablemente fueran la causa de que no pudiéramos atender las demandas iniciales de la 35 y después de la programable HP65. Las ventas de estas calculadoras y sus descendientes han llegado a sumar un total de 15 millones de unidades. La que había sido fiel compañera del ingeniero, la regla de cálculo, desapareció de la noche a la mañana.

Con cada producto, como ya he dicho, HP se esfuerza por hacer una contribución a la técnica, añadir algo nuevo y diferente. Curiosamente, este deseo que nos ayudó en la calculadora y después en el campo informático con nuestros ordenadores RISC fue más bien un impedimento para nuestra entrada en el campo de los ordenadores personales. Gran parte de la contribución en ordenadores científicos y empresariales radica en perfeccionar los algoritmos y encontrar el hardware adecuado para acelerar el funcionamiento. Inicialmente, el proveedor del hardware proporcionaba gran parte del software que necesitaba el sistema. Pero con los años se han creado muchas empresas cuyo negocio está dedicado por entero al software. Esto es especialmente cierto respecto a los ordenadores personales (PC), cuyos propietarios no tienen ningún interés en escribir programas.

En la actualidad, el que no ofrezca ordenadores personales con una interfaz estándar a los proveedores de software cuyos productos comprará el usuario estará perdiendo una gran cuota de mercado. Tuvimos que aprender que en el mundo informático de hoy la contribución que podemos hacer es de facilidad de uso, velocidad, fiabilidad y, sobre todo, un precio asequible.

La persistencia de un disidente

Antes he mencionado que a veces el rechazo de una nueva idea por parte de la dirección no siempre acaba con ella. Hace algunos años, en el laboratorio HP de Colorado Springs dedicado a la tecnología de osciloscopios, uno de nuestros brillantes y enérgicos ingenieros, Chuck House, recibió el consejo de que abandonara un monitor que estaba desarrollando. En cambio, se fue de vacaciones a California y paró por todo el camino para mostrar a clientes potenciales el prototipo de monitor que tenía. Quería averiguar qué pensaban, en concreto qué querrían que hiciera el producto y cuáles eran sus limitaciones. Su positiva reacción le animó a continuar con el proyecto aunque cuando volvió a Colorado descubrió que yo, entre otros, le había pedido que lo abandonara. Persuadió a su director de I+D para que llevara el monitor a producción, y al final resultó que HP vendió más de 17.000 monitores, lo que se tradujo en unos ingresos de 35 millones de dólares para la empresa.

Algunos años más tarde, en una reunión de ingenieros de HP, le concedí a Chuck una medalla por «una extraordinaria capacidad de desobediencia y desafío que supera los niveles normales del deber de un ingeniero».

¿Cómo puede una empresa distinguir entre insubordinación y actitud emprendedora? Para la mente de este joven ingeniero la diferencia estaba en la intención:

«No quería ser desafiante ni protestón. Sólo quería el éxito para HP», dijo Chuck. «Nunca se me pasó por la cabeza que podía costarme el empleo.» Como posdata a esta historia, este mismo ingeniero más tarde se convirtió en director de un departamento... con su reputación de disidente intacta.

Cuando uno piensa en las aportaciones de HP normalmente piensa en los productos innovadores. Pero es importante señalar que a lo largo de los años hemos intentado también hacer aportaciones relativas a nuevos métodos y técnicas de fabricación. Estas innovaciones en la fabricación a menudo hacen que sean posibles las contribuciones de productos de última generación.

En muchos casos, el desarrollo de un proceso de producción nuevo o mejorado reflejaba una actitud de "puede hacerse" por parte del personal de fabricación, un espíritu y deseo de encontrar una mejor manera de hacer las cosas. Tanto Bill como yo lo animábamos.

La tarjeta Kingman es otro ejemplo. Hacia 1945, antes de que apareciera la idea de los circuitos impresos, utilizábamos un técnica desarrollada por Rufe Kingman, que reducía en gran manera los costes de producción y mejoraba la fiabilidad y la utilidad de nuestros productos. La tarjeta Kingman era unas asas a cada lado en la que los componentes se insertaban y soldaban fácilmente. Proporcionaba uniformidad y nos permitía producir una placa de componentes estándar.

Otro ejemplo fue la unidad de desarrollo de circuitos integrados que HP tenía a mediados de los 60, mucho antes que cualquiera de nuestros competidores. Esta capacidad anticipó el uso de la instrumentación de circuitos digitales. El equipo HP desarrolló no sólo su propio proceso bipolar, sino también otros equipos necesarios para la producción y ensayo de circuitos integrados mucho antes de que proveedores externos tuvieran disponibles estos equipos.

Nuestro compromiso por hacer contribuciones, junto con el compromiso de comprender las necesidades potenciales de los clientes, nos sirvió para adaptar HP tanto a las tecnologías cambiantes como a las también cambiantes necesidades de los clientes.

Capítulo 8
Escuchar a los clientes

La principal clave del éxito de las operaciones de Hewlett-Packard es el trabajo que hacemos para satisfacer las necesidades del cliente. Alentamos a cada persona que forma parte de la organización para que piense constantemente en cómo afecta lo que hace en el servicio al cliente.

En HP el concepto de la satisfacción del cliente empieza con la generación de nuevas ideas y nueva tecnología con las que podamos desarrollar nuevos productos útiles e importantes. Estas nuevas ideas forman la base del desarrollo de nuevos productos que atenderán a necesidades latentes del consumidor. Para ser bueno en una era de competencia a nivel mundial y rápido cambio, los nuevos productos tienen que desarrollarse rápidamente y producirse de forma eficiente con procesos de fabricación y técnicas que aseguren calidad y economía.

Ofrecer productos innovadores y fiables es un elemento clave para satisfacer las necesidades de los clientes, pero existen otros factores igualmente importantes. En HP ofrecemos productos muy distintos a diferentes tipos de clientes; es fundamental que los productos recomendados para un tipo de clientes en concreto sean los que mejor atienden todas sus necesidades a largo plazo. Esto requiere que nuestros vendedores de campo (ya sea a nivel individual, en equipos, o con otras empresas que añadan valor a los productos y servicios HP) trabajen estrechamente con los clientes buscando las soluciones más apropiadas y efectivas para sus problemas.

Cuando un cliente compra un producto HP ha de esperar no sólo que éste funcione el día en que lo recibe sino que va a obtener también el mejor servicio posible de manera que podrá disfrutar de su uso de forma duradera y sin problemas.

Durante muchos años las actividades de marketing y ventas de HP han sido capitaneadas por Noel Eldred, vicepresidente de marketing. Noel, un miembro clave de nuestro equipo de alta dirección, era un férreo defensor de ayudar al cliente, hasta el punto de que quería que nuestros ingenieros de ventas se pusiesen del lado de los clientes en cualquier problema que tuviesen con la empresa. «No queremos que nos des la razón a ciegas», les decía, «queremos que te pongas en la situación del cliente. Después de todo, no vendemos hardware, vendemos soluciones para los problemas de los clientes.» Noel subrayaba la importancia del *feedback* del cliente para ayudarnos a diseñar y desarrollar productos que realmentesatisfacieran sus necesidades. También insistía en que nuestros agentes de ventas nunca hablasen en tono desdeñoso de la competencia, cosa que refleja nuestra idea de que la competencia merece nuestro respeto, el tipo de respeto que existía entre General Radio y HP cuando Bill y yo estábamos empezando.

Un ejemplo de lo que explicaba antes es la calculadora de mano HP 35. La creación de este producto único representó un tremendo reto tanto para sus diseñadores como para su equipo de fabricación. Pero no sólo esto, si este producto salía al mercado con éxito tendríamos que desarrollar canales de venta y distribución totalmente nuevos para HP. Nuestro sistema tradicional de entrega –los clientes encargaban el producto y nosotros se lo mandábamos– claramente no encajaba. Mandamos a algunas personas a la librería de la Universidad de Stanford y a otras tiendas al por menor para ver lo que podíamos hacer. Uno de nuestros ingenieros, Bill Ferry, recuerda que fue a la tienda Macy en San Francisco. En ese tiempo Macy estaba interesada en crear un departamento de electrónica. Bill les enseñó la calculadora. Les interesó, pactaron un precio y se pusieron a hablar sobre pedidos y entregas. En ese momento el director de Macy puso las dos manos encima de la mesa justo delante de él y le dijo, «Vosotros, los jóvenes, no lo entendéis. Yo no vendo nada que no tenga en mi tienda.» Ésta fue nuestra iniciación en el mercado de consumo.

Fabricar para llenar estanterías era un concepto nuevo para HP. Pero nuestros principios básicos de dirección se trasladaron fácilmente al comercio minorista a gran escala, y nuestra estructura descentralizada nos permitió ser suficientemente ágiles para cambiar nuestro modelo de negocio de forma rápida.

Nuestra actividad en el mercado de consumo era mínima hasta la década de los 80, pero poco después de la introducción de la HP 35 nos pusimos a prueba con un reloj de pulsera. Pero el 01 (así se llamaba), apodado Cricket, era tosco e incómodo, harto en tecnología pero falto de diseño. Creo que vendimos menos de 20.000 unidades, la mayoría de ellas a nuestros colegas de la industria electrónica. (*Nota del editor:* En el creciente mercado actual de equipos electrónicos antiguos, el HP 01 está bastante solicitado y cotiza a un precio superior al doble de los 700 dólares de su precio original.)

La historia de las impresoras HP

En 1994 Hewlett-Packard vendió cinco millones de impresoras DeskJet y casi cuatro millones de LaserJets. En los diez años siguientes al lanzamiento de estas impresoras en 1984 nuestra empresa ha vendido 39 millones de impresoras. Este extraordinario éxito es fruto del trabajo realizado a principios de los 70 en el campo de las impresoras.

Cuando HP entró en el negocio de los sistemas informáticos a finales de la década de los 60, nos dimos cuenta que los ordenadores y sus periféricos; plotters, impresoras, dispositivos de almacenamiento de memoria, etcétera, estaban relacionados. Queríamos ser capaces de ofrecerles a nuestros clientes todas las partes integrantes del sistema. Para entonces, los esfuerzos de la industria en el campo de las impresoras estaban dirigidos a adaptar los grandes sistemas multiusuario de impresión para su uso en miniordenadores. Pero estos sistemas de impresión eran muy poco fiables y muy caros tanto para comprarlos como para mantenerlos.

Tecnología láser

A mediados de los 70, junto con Canon, HP empezó a desarrollar impresoras que podrían funcionar con miniordenadores. Sabíamos que los clientes pronto exigirían más fiabilidad, velocidad y calidad de impresión. La tecnología láser nos iba a permitir cumplir con estas expectativas. En 1982 HP lanzó su primera impresora láser. Usamos tecnología electrofotográfica que nos había cedido Canon, pero diseñamos y construimos el producto nosotros mismos. La HP 2680 tenía el tamaño aproximado de una nevera y todavía resultaba cara, unos 100.000 dólares pero era resistente y silenciosa. Usaba papel plano de 21,60 x 27,95 cm, y era capaz de ofrecer gran resolución y alta velocidad. Fue un paso en la dirección apropiada y creó lazos constructivos entre Canon y HP.

En la década de los 80, con la aparición del mercado del ordenador personal, apareció una nueva oportunidad de negocio. Las personas que tenían un ordenador personal en su escritorio querían tener acceso fácil y directo a sus impresoras. Los japoneses sacaron provecho rápidamente de esa tendencia creando dos tipos de impresoras de impacto; baratas impresoras matriciales e impresoras de margarita, ligeramente más caras. HP no tenía experiencia en impresoras de impacto, pero nuestro trabajo con Canon en impresoras láser para miniordenadores y nuestros primeros pasos en la tecnología de inyección de tinta (que ya estaba desarrollándose en aquel momento), nos hicieron ver que el futuro de la impresión no estaba en la tecnología de impacto. Había mucho terreno para las innovaciones de producto.

LaserJet

Pese a que tradicionalmente HP inventaba su propia tecnología, Canon había desarrollado ya la tecnología de impresión que necesitábamos. Con esos motores de impresión vimos que podíamos crear una impresora láser para el uso personal relativamente barata. Lanzamos la primera LaserJet en marzo de 1984. No existía nada parecido entonces. Era pequeña, rápida, flexible y fiable, y ofrecía impresión de gran calidad a un precio asequible. La primera impresora LaserJet creó un mercado de la impresión totalmente nuevo (parecido a lo que habían hecho las calculadoras de mano 12 años antes).

Desde el principio supimos que la impresora LaserJet, a un precio de 3.495 dólares, iba a hacerse sumamente popular, por lo que decidimos distribuirla centrando nuestra pequeña fuerza de ventas en los distribuidores. Este canal de distribución nos ha supuesto una gran ventaja competitiva en los últimos diez años.

"Más por menos" era la meta de cada nuevo modelo de LaserJet. Este objetivo revela una lección aprendida de la experiencia con las calculadoras. Durante años seguimos introduciendo calculadoras cada vez más sofisticadas y con más funciones a un mayor precio para los consumidores. Mientras tanto, nuestros competidores ofrecían características básicas a un precio más barato. Para el mercado de masas las características básicas eran suficientes, y el menor precio hacía decrecer la cuota de mercado de las calculadoras HP. Las sofisticadas calculadoras HP se vendían a clientes que necesitaban funciones más avanzadas, pero perdimos gran parte del mercado. Con las impresoras LaserJet decidimos que cada nueva versión ofrecería a los clientes mejor rendimiento a un menor precio que su antecesora.

La LaserJet II se lanzó en 1987. Vendimos más que cualquier otra marca de impresoras láser en todo el mundo (y había muchas entonces). Las mejoras incluían mejor calidad de impresión y funciones gráficas. Pero lo más importante, cosa ridícula de lo simple que parece hoy en día, el papel salía en el orden correcto.

Dos años después HP introdujo un producto totalmente inesperado: la LaserJet IIP. La IIP era menos sofisticada y sustancialmente más barata. Tenía la misma calidad de impresión, la misma fiabilidad, el mismo tratamiento de papel, las mismas fuentes y funciones gráficas que su predecesora, pero costaba 1000 dólares menos. Nos las quitaban de las manos.

La esperada LaserJet III se lanzó a principios de 1990. Ofrecía un avance sustancial en términos de tipografías y funciones gráficas.

Charles Tung, un ingeniero del laboratorio Boise, había desarrollado y patentado un método de control más exacto del inicio y la duración del proceso de impresión de las impresoras láser. Dicho método permitía variaciones en el tamaño y posición de los puntos de tóner en la hoja impresa, proporcionando una drástica mejora en la calidad de impresión. La LaserJet III, con un precio de 2.395 dólares costaba menos que la II y menos que los productos que la competencia. Tardamos un año en entrar en el mercado desde que creamos el primer clon de la tecnología de Charles Tung que mejoraba la resolución.

La innovación continúa a ritmo acelerado. En la actualidad LaserJet se ha consolidado universalmente como marca de impresoras de sobremesa con tecnología láser. Como otras marcas como Kleenex, Xerox, Band-aid y Levi's, que representan cada una a una categoría de productos.

La historia de la Ink-Jet

La historia del negocio de las impresoras de chorro de tinta de HP empezó en 1978 con un descubrimiento por casualidad en nuestros laboratorios de Palo Alto. Un ingeniero que trabajaba en desarrollar tecnología *thin film* para circuitos integrados estaba testando la respuesta de la película a estimulaciones eléctricas. La electricidad sobrecalentó el medio y salieron disparadas gotas del líquido bajo la película. Nació una nueva idea. ¿Qué pasaría si pudiésemos controlar esos chorros de líquido? Ya existían grandes aparatos industriales de señalización con chorro de tinta, pero hasta el momento sólo se usaban para impresiones industriales ciertamente toscas y de tamaño bastante grande. De repente parecía que esa tecnología de impresión podía miniaturizarse y tenía las ventajas de necesitar poca energía para imprimir y ser barata de fabricar.

Como en el caso de las impresoras láser, la llegada del ordenador personal creó una clara oportunidad de mercado. Con la diferencia de que esta vez no había más proveedores de impresoras con tecnología de chorro de tinta, sabíamos que podíamos hacer una importante contribución en este campo.

La tecnología *ink-jet* nos ofreció la oportunidad de reemplazar las impresoras más baratas del mercado hasta entonces –las series de impresoras matriciales de impacto– por productos que eran superiores en todos los aspectos. La tecnología de chorro de tinta tenía el potencial para ofrecer mejor calidad de impresión, menos ruido, consumo extremadamente bajo y, con el tiempo, color de alta calidad a bajo coste.

ThinkJet

En 1980 empezó el primer programa de producto ink-jet térmico, en 1982 habíamos diseñado el elemento clave: el cabezal de impresora desechable. En 1984 introdujimos en el mercado la primera impresora térmica ink-jet llamada la ThinkJet; una pequeña y resistente máquina que imprimía en un papel especial. Con 96 puntos por pulgada era una tecnología totalmente nueva en un mercado dominado por las impresoras de impacto.

Para nuestra sorpresa las ventas no alcanzaron nuestras expectativas. Nos dirigimos a nuestros clientes para averiguar el porqué, y nos dijeron que querían mejor calidad de impresión, variedad de tipografías y la posibilidad de imprimir en cualquier tipo de papel. Volvimos a empezar.

Maverick

Nuestro nuevo proyecto de impresora de chorro de tinta se bautizó con el nombre de "Maverick". Tuvo como resultado un producto con capacidad de 300 puntos por pulgada que ofrecía la posibilidad de elegir entre varias fuentes e imprimía en papel normal. Pero el producto se tenía que vender a 1.500 dólares, demasiado caro para un particular. El proyecto se canceló. Fue un duro golpe para volver a intentarlo. El equipo de I+D ink-jet, a pesar de la gran decepción, se reagrupó para volver a intentarlo.

DeskJet

Nuestros clientes nos lo habían dejado claro. Querían un producto de chorro de tinta con calidad cercana a la láser y a menos de 1.000 dólares. El grupo de desarrollo empezó con objetivos simples: alta calidad, precio bajo y un calendario máximo de 22 meses. Esta vez, I+D, producción y marketing trabajaron juntos desde el principio en equipos interdepartamentales. Las decisiones se tomaban lo más cerca posible del cliente. Durante el desarrollo del producto se incorporaron funciones y características basadas en información procedente de los grupos de atención al cliente que se centraban en sus necesidades en cada fase del proceso.

Hubo momentos difíciles, tuvimos problemas con el cabezal, con la velocidad de secado, pero en seis meses teníamos la laca base y el mecanismo del papel, con suministro y entrega frontales, una combinación de ingenio y orientación del cliente. Nuestros clientes estuvieron satisfechos de la mejora en la calidad de la impresión.

Nuestra investigación de la clientela demostró que todo el mundo prefería las impresoras DeskJet a las matriciales, pero 1.000 dólares era mucho gasto para un particular cuando las matriciales costaban entre 350 y 500 dólares. No nos hacíamos ilusiones sobre la necesidad de bajar el precio. Pero como todos los gastos de desarrollo y producción corrieron de nuestra parte, tuvimos que esperar a bajar el precio hasta que el volumen de ventas creció lo suficiente.

La sentencia de muerte de las impresoras matriciales llegó en 1990 cuando HP, gracias a una rápida reducción en su estructura de costes, empezó a hacer recortes de precios en las series DeskJet. Los 995 dólares iniciales de entrada al mercado se habían reducido a 365 en 1993. En 1994, esta DeskJet de gama baja (la DeskJet 540), superior a la original en todos los sentidos, no sólo costaba 365 dólares, si no que también ofrecía impresión a color.

La impresora DeskJet fue la revolución en la impresión a color. Antes del lanzamiento de la DeskJet 500C a color en 1991, las impresoras a color eran caras, y las compraban sólo usuarios con necesidades especiales que justificaban dicho desembolso. Nuestra investigación de mercado nos revelaba claramente que los consumidores no buscaban impresoras a color. A la hora de priorizar los requisitos de las impresoras la impresión a color tenía un puesto bastante bajo en la lista. Pero cuando preguntábamos «Si satisfacemos todos sus requisitos de impresión en negro y además le ofrecemos la posibilidad de imprimir a color sin, o con una escasa penalización económica, ¿compraría la impresora?», la respuesta abrumadora fue «Sí». Nuestros clientes no querían impresoras a color, pero les interesaban las impresoras que también pudiesen imprimir en color. Al poco tiempo HP ofrecía el color como característica.

En 1991 se vendieron 360.000 impresoras a color de "no impacto" a nivel mundial. En 1994 sólo HP vendió más de cuatro millones de impresoras a "color". Hoy en día todas las impresoras DeskJet pueden imprimir en color.

Calidad

En Hewlett-Packard la esencia de la satisfacción del cliente es nuestro compromiso con la *calidad*, un compromiso que empieza en nuestros laboratorios y se extiende a cada una de las fases de nuestra operación.

Creo que quizá HP tenga una razón de mayor peso que otras empresas para hacer hincapié en la calidad. El hecho de que decidiésemos centrarnos en desarrollar y producir instrumentos electrónicos de prueba y medición implicaba que nuestros clientes usaban nuestros instrumentos para medir y probar la calidad de sus productos y procesos. Por eso teníamos una fuerte motivación para hacer un trabajo de gran calidad.

Con el paso de los años hemos ocupado mucho tiempo pensando cómo podíamos mejorar la calidad. Un método que encontramos muy efectivo era diseñar nuestras líneas de producción de forma que la zona de ensayos finales de un producto estuviese muy cerca de la zona de montaje final. De tal manera que si el personal de ensayo detectaba un problema en un producto acabado se lo pudiesen notificar inmediatamente y de forma directa al personal de montaje sin tener que pasar por complicados procedimientos.

Esto es muy parecido a lo que se ha llamado "círculo de calidad" ya que había personas colaborando con métodos de comunicación efectivos e informales. Con el tiempo vimos que nacieron muchas buenas ideas de esta comunicación informal entre el personal de prueba y el de montaje, lo que nos ayudaba a centrarnos en la calidad y la productividad.

En la actualidad estamos familiarizados con la habilidad de la industria japonesa de crear productos de calidad. En los últimos años, los automóviles, radios, televisores, equipos de grabación y demás aparatos japoneses se han ganado una reputación a nivel mundial por su calidad y fiabilidad. Nuestras propias experiencias con los japoneses han contribuido de forma significativa a la alta calidad de los productos Hewlett-Packard.

Joint venture *japonesa*

En 1963 formamos una *joint venture* en Japón con una empresa que había estado trabajando en instrumentalización de procesos y tenía cierta compatibilidad con nuestra línea de productos. Cuando empezamos a considerar la unión, que se llamó Yokogawa-Hewlett-Packard o YHP, y que ahora es Hewlett-Packard Japón, visité Japón y estuve dos semanas con el personal de Yokogawa. En ese momento la producción y dirección japonesas no estaban a nuestro nivel, de modo que cuando empezamos llegué a la conclusión de que si queríamos tener éxito se tenía que aplicar nuestro estilo de dirección y no el suyo. Los japoneses accedieron, y durante los primeros años YHP fue dirigida por uno de los nuestros, y adoptó de forma exitosa algunos de los procedimientos que nos habían funcionado en los Estados Unidos.

Para aquel entonces HP estaba estructurada en varias divisiones relativamente pequeñas. Cada año juntábamos a todos los jefes de división y nos pasábamos dos o tres días informando de los resultados, evaluando, etc. Una de las sesiones siempre tenía que ver con la calidad. Llevábamos un registro de la ratio de fracaso de cada producto HP y de nuestros costes de calidad.

Durante los primeros años de la *joint venture* japonesa, el director de YHP, que era estadounidense, venía a estas reuniones e informaba junto al resto de los directivos. La actuación de YHP solía estar sobre la media en ratio de fracaso y costes de calidad.

Tras unos años procediendo así, un joven y brillante directivo japonés, Kenzo Sasaoka, que estaba haciendo un buen trabajo, nos acorraló a Bill y a mí y nos dijo, «¿Por qué no me dejan dirigir YHP? Envían a un director estadounidense para que nos supervise. Y pasamos mucho tiempo, de hecho, perdemos mucho tiempo, informándole, y si algo va mal le echamos la culpa a él. Realmente creemos que lo podemos hacer mejor.» Y le dijimos, «Vale, adelante; dirige tú y a ver cómo va.»

Al año siguiente YHP creció a un ritmo más rápido que nunca y mejoró la calidad de sus productos. Empezó a escalar posiciones en el ranking HP, y poco después el directivo volvió con extraordinarios datos de la calidad de YHP. Las ratios de fracaso de los productos que construían eran mejores que cualquiera de las otras divisiones. Y unos años después, en 1982, recibió el codiciado Premio japonés Deming por su productividad y calidad. Este premio es objeto de una intensa competición entre las empresas japonesas. Se le llamó así por el Dr. W. Edwards Deming, un estadístico estadounidense que ayudó a los japoneses a mejorar la calidad de sus productos en los años siguientes a la II Guerra Mundial.

He aquí un ejemplo de lo que YHP era capaz de hacer. Habíamos estado fabricando paneles de circuitos impresos en varias secciones de la empresa. Nuestros mejores registros de ratio de fracaso eran de cuatro por mil. Creíamos que eso estaba realmente bien; un poco menos del 0,5%. Y ésa era la ratio que habíamos observado en otras empresas. Nuestra unidad japonesa, en cambio, vino con una ratio de fracaso en sus paneles de circuitos impresos de sólo el diez por millón. Eso es 400 veces mejor de lo habíamos podido conseguir nosotros.

Obviamente esto chocó a mucha gente y cambió muchos pareceres en la empresa. Demostró claramente que nuestros objetivos en calidad estaban muy lejos de lo que se podía llegar a conseguir. El resultado positivo fue que en poco tiempo las ideas y el trabajo que estaban llevando a cabo en YHP se vieron reflejados en el resto de la empresa. Fuimos capaces de aumentar los objetivos de calidad de muchas divisiones y emplazamientos, mucho más de lo que hubiésemos podido imaginar antes. He visto varias veces a empleados de YHP dedicar un tiempo considerable a asegurarse de que cada ajuste estaba hecho con la mayor precisión posible. Los mismos ajustes se hacían en HP, en Palo Alto, lo más rápido posible para que estuviesen apenas dentro de los límites especificados. La razón de esto era que en Palo Alto los trabajadores tenían participación en los resultados y en Japón no. Se lo comenté a Kenzo Sasaoka, el director de Japón, y me dijo que le había abierto los ojos: las mejoras en calidad proceden de la atención meticulosa al detalle y cada paso del proceso de producción ha de hacerse lo más *meticulosamente* posible, en vez de lo más *rápido* posible. Esto suena simple, pero sólo se consigue si todos los individuos de la organización se dedican a la calidad.

Capítulo 9
Confianza en las personas

Si una organización trata de maximizar su eficiencia y su éxito deberá cumplir varios requisitos. Uno es que para cada una de las funciones de la empresa se deberá elegir la persona más competente que esté disponible. Especialmente en un negocio técnico donde la ratio de progreso es alta, ha de emprenderse y mantenerse un programa continuo de capacitación. Técnicas importantes hoy en día quizá estén obsoletas el día de mañana, por lo que cada persona de la organización ha de estar constantemente buscando nuevas y mejores formas de hacer su trabajo.

Otro requisito es que se debe fomentar un alto grado de entusiasmo a todos los niveles, en particular entre las personas que ocupan puestos de alta dirección, que no sólo han de tener entusiasmo, sino que también han de ser capaces de generarlo entre el personal que tienen a su cargo. No hay sitio para la desgana o la falta de entusiasmo.

Desde el principio Bill Hewlett y yo hemos tenido una gran confianza en las personas. Creemos que la gente quiere hacer un buen trabajo y que es importante para ellos disfrutar su trabajo en Hewlett-Packard. Intentamos hacer posible que nuestros empleados se puedan sentir realizados con su trabajo. Muy ligado a esto está nuestra firme creencia de que los individuos han de tratarse con consideración y respeto y sus logros han de reconocerse. Siempre ha sido importante para Bill y para mí crear un ambiente donde la gente sea capaz de sacar lo mejor de sí misma, de desarrollar su potencial y donde se les reconozcan los éxitos.

Cada persona y cada función de nuestra empresa son importantes. En el campo de la alta tecnología en el que trabajamos los pequeños detalles suelen marcar la diferencia entre un producto de calidad y otro peor. Por eso hemos intentado implantar la premisa de que cada uno ha de hacer su trabajo lo mejor que pueda. Recuerdo una vez hace muchos años que estaba paseando por un taller de máquinas con el jefe del taller. De repente nos paramos para ver cómo un operario hacía un molde de plástico pulido. Había estado mucho rato puliéndolo y en ese momento iba a hacer el corte final. Sin pensarlo, bajé la mano y le pasé un dedo por encima. El operario dijo, «¡saca tu dedo de mi molde!» El jefe rápidamente le preguntó, «¿No sabes quién es?» A lo que le contestó el operario, «Me da igual». Tenía razón y se lo dije, estaba haciendo un trabajo importante y estaba orgulloso de ello.

La forma en la que una organización está estructurada afecta a la motivación y al desempeño individuales. Hay organizaciones estructuradas a lo militar en las que el superior emite una orden y ésta desciende hasta que la persona indicada hace lo que le han mandado sin preguntar ni razonar. Éste es justamente el tipo de organización que HP no quería... ni quiere. Creemos que es más fácil alcanzar nuestros objetivos trabajando con personas que los entienden y los apoyan, permitiéndoles flexibilidad a la hora de trabajar hacia la consecución de unos objetivos conjuntos de manera que hagan lo mejor para su puesto y para la organización.

Las relaciones cercanas existentes entre las personas de HP reforzaban una forma de dirección participativa que alentaba la libertad individual a la vez que enfatizaba el trabajo en equipo. En nuestros principios trabajábamos todos juntos en los mismos problemas. Recabábamos y usábamos ideas de donde las pudiésemos sacar. El resultado neto era que cada empleado se sentía miembro del equipo.

Cuando la empresa creció no pudimos seguir dando por sentado el trabajo en equipo, por lo que desde entonces hemos tenido que enfatizarlo y fortalecerlo. Ésa es una de las razones por las que no distinguimos a divisiones o grupos que estuviesen trabajando particularmente bien y la razón por la que no se hacía partícipe de los beneficios a ciertos individuos o grupos sino a toda la organización. Es imperativo que haya un espíritu de asistencia y cooperación entre todos los elementos de la empresa y que ese espíritu se reconozca y se respete como piedra angular del estilo HP.

Cuando éramos una empresa pequeña e insignificante teníamos que contratar a la mejor gente que encontrásemos, formarla y esperar que luego rindiesen. Queríamos que nuestros empleados compartiesen nuestros objetivos: obtener beneficio y contribuir con la comunidad. A la vez nos sentíamos responsables de darles la mejor oportunidad y la mayor seguridad laborales, por lo que al principio tomamos una importante decisión: no queríamos ser una empresa de trabajadores temporales que buscase grandes contratos a corto plazo, contratase muchísimo personal para cumplirlos y luego le dejase marchar. Esta práctica suele ser la más rápida y eficiente para poder hacer un gran proyecto. Pero Bill y yo no queríamos trabajar así. Queríamos estar en el negocio mucho tiempo, tener una empresa construida en torno a una fuerza laboral estable y dedicada.

Estábamos muy próximos a nuestros empleados. Comprendíamos sus trabajos y pasábamos la mayoría de sus vidas con ellos. Así también nos enterábamos de quién de nuestros empleados tenía potencial directivo, aunque a veces no acertábamos a la primera. Una vez ascendimos a un hombre, un buen trabajador, a jefe de taller. Unos días después me vino a ver. Me dijo que estaba pasando un mal trago dirigiendo el taller y que quería que fuese al taller con él y les dijese a sus empleados que él era su jefe. «Si tengo que hacer eso», le dije, «no te mereces ser su jefe».

Otra experiencia que tuvimos en nuestros inicios, también relacionada con nuestra proximidad con los empleados, fue un caso en el que un trabajador contrajo tuberculosis y tuvo que estar dos años de baja. Esto tuvo un serio efecto en su familia, y aunque podíamos darle cierta ayuda financiera, pensamos que eso no se debería repetir nunca. En consecuencia, establecimos un programa de seguro para catástrofes médicas para proteger a nuestros empleados y sus familias. A finales de los años 40 este tipo de cobertura era prácticamente desconocida.

El interés que Bill, yo y nuestras familias teníamos por el bienestar de los trabajadores de HP se reflejó tempranamente en ciertas prácticas y costumbres. Inmediatamente después de la II Guerra Mundial nuestro personal disminuyó, pero en 1950 había crecido otra vez hasta pasar los 200 empleados. Entonces mi mujer Lucile empezó la práctica de comprarle un regalo de bodas a cada empleado que se casaba y un manto de bebé para cada familia que tuviese un hijo. Dicha práctica duró diez años, hasta que fue víctima del rápido crecimiento de la empresa y su diversificación.

De hecho, Lucile inició muchas tradiciones que sirvieron para aumentar el ambiente familiar de HP y ayudó a crear un sentido de pertenencia en nuestra joven empresa. Ella y Flora Hewlett estaban constantemente trabajando para el beneficio de la empresa. Como he dicho antes, Lucile hizo de secretaria y contable en nuestros primeros años. No sólo contribuyó con tiempo y energía, sino que también aportó un punto de vista y un sentido humanitario que con el tiempo se convirtieron en un componente vital del espíritu que define todo lo que hacemos.

Nuestro rápido crecimiento también afectó al tamaño y la naturaleza de los picnics de la empresa. Bill y yo consideramos los picnics una parte importante del estilo HP, y a principios celebrábamos uno al año en Palo Alto para todos nuestros empleados y sus familias. Era un gran acontecimiento planeado y dirigido por ellos mismos. El menú consistía en bistecs, hamburguesas, frijoles, ensalada verde, pan de ajo y cerveza. La empresa compraba la comida y la cerveza. Se creó la costumbre de que los trabajadores del taller se encargasen de la barbacoa, y que otros departamentos se encargasen de otros aspectos del menú. Bill, yo y otros ejecutivos *senior* servíamos la comida, cosa que nos daba la oportunidad de ver a todos los empleados y conocer a sus familias.

A principios de los 50 la empresa compró un trozo de tierra, llamada Little Basin, situada a una hora de Palo Alto. Convertimos una parte en una zona de recreo, lo suficientemente grande como para albergar un picnic para 2.000 personas o más. Hace más o menos un año que lo pusimos a disposición de nuestros empleados y sus familias para que acampasen ahí. Tuvo tanto éxito que decidimos copiar la idea en otras partes del mundo donde hubiese concentraciones de gente HP. En Colorado compramos unas tierras en las Rocosas cerca de East Park, y otro en la costa de Massachussets. En Escocia compramos un pequeño lago, donde había buena pesca (y posibles avistamientos del monstruo del lago Ness), y en el sur de Alemania compramos tierras donde se podía esquiar.

En un picnic de la empresa en los años 60, Dave Packard, en el centro, sirve bistecs.

Cuando la empresa creció los picnics pasaron a organizarse por divisiones. Bill, yo y otros ejecutivos de HP tratábamos de ir a cuantos podíamos, ya que nos daban la oportunidad de encontrarnos y hablar con muchos empleados, tanto en los Estados Unidos como en Europa. A finales de los 60 la empresa se había hecho tan grande y había tantos picnics que fue difícil seguir la tradición, y hoy en día, claro, hubiese sido imposible. Pero continúan celebrándose anualmente en emplazamientos HP por todo el mundo.

Compartir

El principio subyacente de las políticas de personal de HP es compartir; compartir las responsabilidades de definir y conseguir las metas, compartir la propiedad de la empresa a través de los planes de adquisición de acciones, compartir los beneficios, compartir las oportunidades de desarrollo tanto personal como profesional e, incluso, compartir el peso creado por las ocasionales crisis en el negocio.

Nuestros programas de prestación a los empleados reflejan este concepto de compartir. Los programas toman diferente forma en distintas partes del mundo, en cada país cada organización tiene su conjunto de prestaciones confeccionadas bajo sus propias leyes y tradiciones.

En los Estados Unidos y muchos otros países los empleados participan en planes de adquisición de acciones y en los beneficios. Los empleados de los Estados Unidos que llevasen más de seis meses tenían derecho a participar en los beneficios, y cada año recibían una cantidad calculada a partir del beneficio antes de impuestos de la empresa. A lo largo de los años este pago ha estado entre el 9,9 y el 4,1% del salario base. Dado que la empresa ha tenido siempre beneficios, este programa ha continuado ininterrumpidamente desde que empezó en la década de los 50.

Otro ejemplo de nuestro principio de compartir, aunque totalmente diferente, tuvo lugar en 1970. Por una crisis en la economía estadounidense, nuestros pedidos entrantes iban a una velocidad inferior a nuestra capacidad de producción. Nos vimos abocados a la situación de tener que recortar nuestra fuerza laboral un 10%. Pero en vez de hacer esa regulación de empleo utilizamos otro camino. Hicimos un programa donde se trabajaban nueve días cada dos semanas; un recorte del 10% en el programa, con el recorte correspondiente del 10% en el sueldo. Esto se aplicó a casi todas nuestras fábricas en los Estados Unidos y también a todos nuestros ejecutivos y al personal de oficina. Al cabo de seis meses, la ratio de pedidos aumentó y el personal volvió a su trabajo a tiempo completo. Algunos dijeron que disfrutaron de sus largos fines de semana aunque se hubiesen tenido que apretar el cinturón un poco. El resultado de ese programa fue que efectivamente todos compartimos el peso de la recesión, no se despidieron buenas personas en un mercado laboral realmente duro y nosotros tuvimos toda nuestra fuerza laboral, altamente calificada, en su sitio cuando el mercado mejoró.

Debo matizar que este programa fue en respuesta de una situación temporal, un período que no sobrepasó el año o dos. Fue una solución a corto plazo a un problema a corto plazo y no representaba un compromiso de proporcionarles un puesto fijo indefinidamente.

Desde 1970 ha habido, por supuesto, otras crisis económicas tanto en los Estados Unidos como en mayoría del resto de países. En términos generales hemos sido capaces de capear estas recesiones transfiriendo la producción de unas áreas a otras y haciendo expedientes de regulación de empleo temporales en ciertos lugares donde operamos. Sin embargo, a principios de los 90 se hizo evidente que HP, como casi todas las empresas productoras de los Estados Unidos, tendría que reducir su personal. "Downsizing" es el eufemismo que se utiliza hoy en día, pero igualmente nuestra necesidad de recortar la plantilla fue considerablemente menor que la de la mayoría de las fábricas, especialmente las de la industria informática. Ya habíamos dado algunos pasos en HP para reducir la burocracia corporativa y para promover la descentralización. Hicimos la mayoría de las reducciones de plantilla con programas de jubilación anticipada y voluntaria ofreciendo generosas indemnizaciones a las personas que dejaban la empresa.

Los rápidos cambios en la tecnología hacen necesarios programas de formación y capacitación para nuestros empleados. Muchos de los programas de capacitación llevados a cabo por la empresa son de materias técnicas específicas, mientras otros refuerzan habilidades generales. Como empresa, gastamos unos 200 millones de dólares al año en desarrollar y ofrecer cursos a nuestros empleados. El coste relacionado con ceder tiempo de trabajo de nuestros empleados y dar ayudas para que asistan a los cursos supone más o menos otros 300 millones de dólares. Parte de este gasto se utiliza para respaldar proyectos en las universidades. Proyectos que muchas veces apuntan a objetivos del más alto nivel.

Para algunos la formación significa un esfuerzo innecesario, pero para otros significa una oportunidad de aumentar su contribución y su satisfacción personal. Afortunadamente, este último punto de vista es el que prevalece en Hewlett-Packard. La gran mayoría de nuestro personal ha reconocido el valor de la formación y el desarrollo personal, no sólo porque les permite progresar en su carrera sino porque también les permite hacer mayores contribuciones al progreso de la empresa.

Desde el inicio de nuestra empresa Bill y yo hemos depositado confianza en los trabajadores de Hewlett-Packard. Esperamos de ellos que sean abiertos y rectos en sus relaciones con terceros y que acepten sus responsabilidades con buena disposición.

A principios de mi carrera aprendí sobre algunos de los problemas que pueden darse en una empresa por falta de confianza en las personas. A finales de la década de los 30, cuando estaba en Schenectady trabajando en la General Electric, la empresa estaba haciendo una labor de seguridad importante en la planta. Estoy seguro de que otras empresas también lo hacían. GE ponía especial interés en guardar las herramientas y piezas de recambio para asegurarse de que ningún empleado robara nada. Enfrentados a esa falta de confianza, muchos empleados querían justificarla llevándose herramientas y componentes siempre que podían. Al final, las herramientas y componentes de GE estaban esparcidas por todo el pueblo, incluido el desván de la casa en el que vivíamos algunos de nosotros. De hecho, teníamos tantos aparatos que, cuando le dábamos al interruptor, bajaba la intensidad de las luces de toda la calle.

La ironía de todo esto es que la mayoría de herramientas y componentes eran usados por sus nuevos "propietarios", trabajadores de GE, en proyectos relacionados con su trabajo o en *hobbies* que potenciaban sus habilidades; actividades que seguramente mejorarían su rendimiento en el trabajo.

Cuando se creó HP todavía tenía en mente lo que sucedía en GE y establecí que nuestros almacenes estarían siempre abiertos. A veces no todo el mundo cumple lo establecido por lo que se han dado anécdotas como la que sucedió una vez cuando Bill Hewlett fue a la planta para trabajar en algo durante un fin de semana. Bill fue al almacén para coger un microscopio y se lo encontró cerrado, rompió el candado y dejó una nota insistiendo que no se cerrase la puerta nunca.

Dejar los almacenes abiertos era ventajoso para HP por dos razones importantes. Desde un punto de vista práctico, el fácil acceso al material y a las herramientas ayudaba a los diseñadores de productos y a otras personas que quisiesen trabajar en nuevas ideas en sus casas o los fines de semana. Y una segunda razón, menos tangible pero importante, es que dejándolos abiertos demostrábamos confianza, y la confianza es básica para la forma en que en HP llevamos el negocio.

Nuestra política de puertas abiertas continúa vigente en la actualidad. Pese a que el stock de producción está restringido, el material de laboratorio (una parte relativamente pequeña de nuestros mejores equipos y componentes) continúa estando abierto normalmente.

Horario flexible

Quizá el ejemplo de confianza hacia las personas más publicitado de HP es el programa de horario flexible de la empresa. Se inició en nuestra planta de Böblingen, Alemania, en 1967, y fuimos la primera empresa de los Estados Unidos en utilizarlo. En la actualidad se usa mucho tanto en HP como en otras empresas industriales. Bajo el programa de horario flexible de HP cada uno podía entrar a trabajar desde muy pronto por la mañana hasta las nueve como muy tarde, y marcharse tras haber cumplido cierto número de horas establecido. No era apropiado para todos los trabajos, pero para casi todos.

Bajo mi punto de vista, el horario flexible es la esencia del respeto y la confianza en las personas. Significa que sabemos que nuestros empleados tienen vidas y que confiamos en ellos para idear, junto con su supervisor y su grupo de trabajo, un calendario que les sea conveniente y a la vez justo con los demás.

La tolerancia hacia las diferentes necesidades individuales es otro elemento del estilo HP. A veces, hay momentos en los que las personas tienen problemas personales que temporalmente afectan su rendimiento y actitud, y en los que es importante que esas personas sean tratadas con sensibilidad y comprensión mientras esos problemas se resuelven.

Muchas empresas tienen la política de que una vez un empleado deja la empresa no puede volver a ser contratado. A lo largo de los años en muchas ocasiones se nos ha ido gente que pensaba que tenía una oportunidad mejor en otro sitio. Siempre hemos pensado que si no ha trabajado en la competencia directa, y tenía un buen expediente como trabajador, siempre será bienvenido. Conocen la empresa, no necesitan recapacitación y suelen estar más contentos y motivados por tener la experiencia adicional. Hace unos años uno de nuestros altos directivos abandonó HP por un trabajo que pensaba que era mejor. Más tarde volvió, y pese a que había estado fuera varios años, rápidamente reanudó su carrera con nosotros y fue ganando responsabilidades hasta que se retiró.

Algunas personas han dejado HP y han creado su propia empresa con éxito. Hay por lo menos una docena de casos y ahora sus empresas tienen contratadas a más de 40.000 personas. ¿Estamos tristes de que nos dejaran? Al contrario, Bill y yo entendemos y respetamos su espíritu emprendedor, y es un placer y un honor que hayan trabajado para nosotros. Y es un honor que a la hora de construir su empresa adopten principios y prácticas que forman parte del estilo HP.

Capítulo 10
Desarrollar la empresa

Una estructura organizacional, una vez creada, debe ser flexible y sensible a las necesidades que se creen en la organización y a los cambios del mercado.

En el caso de Hewlett-Packard no hicimos mucho trabajo en temas organizacionales hasta bien entrados los años 50. No hacía falta. Teníamos una línea bien definida de productos relacionados, diseñados y producidos en un mismo sitio, vendidos a través de una red establecida de representantes de venta, y teníamos una empresa muy centralizada en la que la dirección estaba organizada en una base fundamental con vicepresidentes para marketing, producción, I+D y finanzas. Como la empresa seguía creciendo continuamente y empezamos a diversificarnos, Bill y yo nos dimos cuenta de que teníamos que considerar algún tipo de estrategia descentralizadora para seguir apoyando la responsabilidad y el logro individuales. También estábamos preocupados por el hecho de que quizá desaparecían los elementos personales del estilo HP.

Se hicieron divisiones por primera vez en el desarrollo de producto, como ya he mencionado, dividimos nuestras actividades en cuatro grupos, cada uno con la responsabilidad de su propia familia de productos y dirigido por un director subordinado a Barney Oliver, vicepresidente de investigación y desarrollo. Eso era 1957. Pronto le siguieron otros pasos hacia la descentralización, estimulados por nuestra expansión geográfica –establecimos fábricas en Colorado y Alemania– y por nuestras primeras adquisiciones de nuevos negocios.

De izquierda a derecha: Bill Hewlett, Barney Oliver, y Lee De Forest, el inventor del tubo de vacío, en el laboratorio de HP en 1957.

A mediados de la década de los 60 teníamos más de una docena de divisiones operativas, cada una de ellas es una organización integrada, autosuficiente y responsable de desarrollar, producir y hacer labores de marketing de sus productos. Uno de los principales motivos por los que hicimos las divisiones fue para darles a cada una de ellas una autonomía considerable, crear un ambiente que fomentara la motivación, iniciativa y creatividad individuales, y que les diera un alto grado de libertad a la hora de trabajar hacia las metas y objetivos comunes. Queríamos evitar la burocracia y asegurarnos de que la toma de decisiones para solucionar problemas se hacía en el nivel más cercano al problema. También queríamos que cada división mantuviese y alimentase la intimidad, cuidado por las personas y las facilidades comunicativas características en nuestra empresa cuando era más pequeña.

A lo largo de los años Bill Hewlett y yo hemos especulado muchas veces sobre el tamaño óptimo de la empresa. No creemos que el crecimiento sea importante por sí mismo. Sin embargo, el crecimiento continuo era esencial para nosotros para poder alcanzar nuestros objetivos y para mantenernos competitivos. Dado que participamos en campos caracterizados por la alta y cambiante tecnología, permanecer estático significa perder terreno. También dependíamos de traer personas altamente calificadas, gente que quisiese desarrollar su carrera profesional únicamente en una empresa que les ofreciese una buena oportunidad para el crecimiento y progreso personales.

A finales de los 50, la necesidad de diversificarnos era evidente. Estábamos consolidándonos como el mayor proveedor en muchas de las mayores áreas del mercado de la instrumentación electrónica. Pero esos segmentos, en conjunto, estaban creciendo sólo a un 6% por año, mientras nuestro beneficio había estado creciendo a un 22% anual. Obviamente, este ritmo de crecimiento no podía mantenerse sin diversificación. En 1961 creamos una filial, HP Associates, para dedicarla a la investigación y desarrollo de componentes de electrónica de estado sólido. Más tarde, en 1966, creamos HP Laboratories, una empresa de laboratorios dedicada a actividades de investigación avanzada para guiar a la empresa hacia las nuevas tecnologías y la diversificación de productos.

Crecimiento a través de adquisiciones

Bill y yo no queríamos que HP se convirtiese en un conglomerado, porque como ya he apuntado antes, hay más empresas que mueren de indigestión que de hambre. En la década de los 60, sin embargo, se nos presentaron varias oportunidades para adquirir empresas cuyos productos y tecnologías complementaban a los nuestros. Nuestra primera adquisición, la empresa F. L. Moseley, tuvo lugar en 1958. Situada en Pasadena, California, en Moseley se fabricaban registradores XY y otros instrumentos que eran buenos complementos para nuestra línea de productos. La empresa había sido fundada por Francis Moseley, un ingeniero muy ingenioso que posteriormente fue un miembro de mucho valor en nuestro equipo de dirección. Su filosofía y prácticas de dirección eran muy similares a las nuestras.

La empresa más grande que adquirimos en la década de los 60 fue la Sanborn Company, de Waltham, Massachussets. Sanborn, que tenía 950 empleados y unas ventas anuales de 16 millones de dólares, producía electrocardiógrafos y otros instrumentos de prueba y medición usados en el campo de la medicina. La adquisición, llevada a cabo mediante un intercambio de acciones, fue nuestra entrada en el campo de la medicina, que posteriormente se hizo uno de los principales mercados para HP. Más tarde adquirimos una pequeña empresa, F&M Scientific, que nos sirvió de entrada también en el campo de la instrumentación para el análisis químico.

Es verdad que las adquisiciones suelen ser útiles para aumentar la tecnología de una empresa y para entrar rápidamente en nuevos mercados, pero también tienen sus desventajas. La mayor de ellas es mezclar dos culturas, dos formas de hacer las cosas y estilos de dirección. Es difícil, se entiende, para los directivos de la empresa adquirida, ceder su independencia. Y la empresa que adquiere suele encontrarse con que el trabajo de guiar y suministrar recursos a la nueva adquisición requiere mucho más tiempo y energía de lo normal.

Recuerdo los problemas que nos ocasionó una adquisición a mediados de los 60. Adquirimos una empresa llamada Autodynamics, con sede en Sacramento, California. Estaba especializada en el uso de tecnología ultrasónica para la detección de defectos en los metales. Eso fue antes del uso del ultrasonido en aplicaciones médicas. Tenían un producto llamado Mustang, un armatoste de equipamiento electrónico en medio del cual habían colocado un mustang de metal sacado del entonces nuevo, Ford Mustang. Recuerdo mirar el caballo cromado adherido al equipo y pensar que no encajaba mucho con el concepto de nuestros productos como instrumentos científicos.

Tuvimos también otros problemas. La empresa tenía un contrato para construir ciertas máquinas de ultrasonidos para testar unas cubiertas de cohetes. Nosotros heredamos el contrato y nos dimos cuenta de que la máquina no iba a funcionar. Apoyamos el contrato con dinero y tecnología procedente de HP. Pero unos ocho meses después abandonamos toda la operación.

Cambios en la organización de ventas

Durante la década de los 60 hicimos algunos cambios más en la organización, cambios relacionados con la organización de las ventas en los Estados Unidos. Desde nuestros comienzos la venta de los productos HP se había hecho a través de una red de empresas representantes situadas en varias zonas del país. Estas empresas, unas diez, representaban y vendían otros productos electrónicos pero no eran competencia nuestra.

Pese a que este plan había funcionado muy bien, a principios de los 60 empezaron a darse ciertos problemas, la mayoría de ellos debido al rápido crecimiento de HP. Nuestras ventas significaban un tanto por ciento muy alto de las ventas de nuestros representantes, en algunos casos un tanto por ciento desproporcionado. También cabía la posibilidad, dada la diversificación de nuestras líneas de producción, de que se creasen conflictos competitivos entre nuestros productos y otros que vendiese un mismo representante. Era el momento de establecer nuestra propia red de ventas. Esta operación la llevamos a cabo no desentendiéndonos de nuestros representantes y creando una organización nueva de la nada, si no proponiéndoles a nuestros representantes que se convirtiesen en divisiones de venta de Hewlett-Packard. La repuesta fue positiva, y casi todas las empresas accedieron a ser absorbidas por HP, ya fuese por intercambio de acciones o comprándolas. Noel Eldred, nuestro vicepresidente de marketing, había trabajado con ellos durante muchos años y jugó un papel muy importante en la negociación.

He mencionado que a mediados de los 60 teníamos más de una docena de divisiones operativas, cada una de las cuales era responsable de desarrollar, producir y hacer labores de marketing de sus propios productos. Además, las adquisiciones de los representantes de ventas de los Estados Unidos añadieron otro grupo de unidades que rendían cuentas en Palo Alto. También habíamos expandido nuestro mercado internacional. En Europa habíamos constituido nuestra propia sede de ventas en Ginebra y habíamos implantado fábricas en Alemania e Inglaterra. En Japón, nuestra *joint venture* ya estaba operando. Como resultado en unos años habíamos pasado de ser una empresa muy centralizada a tener muchas divisiones y actividades. Nuestra familia de productos había crecido sustancialmente, tanto en tamaño como en diversidad.

Esta transición supuso para nosotros varios retos directivos interesantes. Entre ellos, la labor de dotar nuestras nuevas divisiones de buen personal directivo. Tuvimos éxito gracias en gran parte a nuestros esfuerzos de reclutamiento y programas de capacitación. Teníamos personas bien calificadas dentro de HP para ocupar los puestos directivos clave.

Pese a que la empresa se descentralizó, nuestros objetivos y políticas no cambiaron significativamente. En aquellos años gran parte de nuestro negocio todavía era la instrumentación electrónica para propósitos generales, y nuestro crecimiento se debía básicamente a nuevos productos. Continuamos centrando nuestros esfuerzos en las áreas técnicas en las que creíamos que podíamos hacer una buena contribución y no entrábamos en nuevos proyectos por el mero hecho de crecer.

Con el tiempo, algunas de nuestras mayores divisiones crecieron hasta un volumen sustancial, produciendo muchos productos diferentes y empleando a más de 1500 personas. Llegado ese punto los canales de comunicación se alargan hasta el límite, y la dirección se hace más difícil. Las personas empiezan a no sentirse parte ni orgullosos de lo que hace su división, por lo que se hizo política de nuestra empresa, que aun perdura en la actualidad, partir la división en productos establecidos y rentables, muchas veces mudando la parte escindida a una localización nueva pero cercana a la división. Esta "descentralización de local", como creo que se podría llamar, se ha implantado con éxito en California, Colorado y Massachussets, prácticamente todos los lugares donde tenemos grandes complejos y operaciones.

En empresas con un crecimiento rápido los cambios en la organización se suceden frecuentemente. En el caso de HP el siguiente paso tuvo lugar en 1968. Con varias divisiones y sus líneas de productos creciendo a ritmo continuo adoptamos gradualmente una estructura de grupo. Esto implicaba combinar en un grupo, a nivel organizativo, divisiones con líneas de productos y mercados relacionados con una cúpula directiva propia. Para que cada grupo fuese responsable de coordinar las actividades de la división, sus operaciones a nivel global y el desempeño financiero de sus miembros. Teníamos dos objetivos: hacer posible que dos unidades trabajasen juntas de forma más efectiva en el día a día y empezar a descentralizar ciertas labores de alta dirección, de tal modo que los nuevos grupos serían responsables de ciertas actividades de planificación asignadas antes a los vicepresidentes de la empresa.

La estructura de grupo también se extendió a nuestra organización de ventas, donde ahora se había hecho difícil, si no imposible, para un ingeniero de ventas de HP, entender y vender toda la línea de productos de la compañía.

Cuando la empresa pasó a tener estructura de grupo, me dediqué a recalcar al personal que dicho cambio no significaba una desviación de nuestro tradicional estilo de dirección. Desde el principio hemos tenido el convencimiento de que se ha de dar la responsabilidad y libertad necesarias para que los trabajadores, en este caso los grupos, sean capaces de desarrollar sus propios planes y tomar decisiones en ciertas áreas o actividades. Nuestra nueva organización no alteraba este concepto, sino que lo fortalecía. A principios de la década de los 90, HP tenía 65 divisiones organizadas en 13 grupos de productos.

Los peligros de la centralización

Durante mi carrera he visto cómo la mayoría de los ejecutivos elogiaban la descentralización. Pero cuando se trata de aplicarla a sus organizaciones la mayoría de ellos son reacios a aplicarla. Quizá la idea de coger un poco de su autoridad y dársela a terceras personas es demasiado inquietante. De mi experiencia he aprendido que hasta las empresas más descentralizadas han de estar alerta ante cualquier señal de la existencia de centralización encubierta gravosa.

HP hizo un test real en este aspecto. En la década de los 70, cuando ya estaba claro que la informática iba a significar gran parte de nuestro negocio, muchos directivos de HP empezaron a tomara IBM como referencia. La estructura de IBM estaba muy centralizada, y muchos creían que ése era el camino que se debía seguir. Otro factor que daba fuerza a la tendencia centralizadora eran las nuevas demandas organizativas de HP en relación al mercado de la informática. Antes de entrar en el campo de la informática el negocio de HP estaba centrado en la instrumentación, con divisiones descentralizadas bien definidas por líneas de productos que operaban con bastante independencia. Esta estructura había funcionado muy bien en el negocio de la instrumentación electrónica y había quien pensaba que era igualmente aplicable al negocio de la informática.

Pero en contra de esa teoría nos encontramos dos características principales del mercado de la informática. Una, nueva para HP, era el área de software. ¿Cómo se organizaba la producción de software? ¿A quién rinde cuentas este área? ¿Qué tipo de personal y habilidades se precisan? Segundo, el negocio de la informática es un negocio de sistemas. Requiere que se combinen muchos elementos como el software, la unidad central, los periféricos, el sistema operativo... para hacer un producto vendible, y además darle soporte con un buen servicio y mantenimiento. La buena coordinación es esencial.

HP respondió a estos retos probando varias formas de organización. Había divisiones, estructuras de grupo, luego varios equipos de trabajo, consejos y comités que intentaban incrementar la coordinación. Con el tiempo estos esfuerzos empezaron a crear una burocracia complicada. Problemas que necesitaban soluciones rápidas e inteligentes se pasaban de nivel en nivel vía comités, mecanismo que solía retrasar las decisiones semanas o incluso meses.

En 1990 afrontamos una crisis. Los comités habían tomado el control de los procesos de toma de decisiones en HP, y los ciclos de toma de decisiones se habían hecho enormes. Por ejemplo, la función de un comité central, como el Computer Business Executive Committee, era conseguir mejor coordinación en el área de la informática, pero contrariamente, lo que hacía era ralentizar la toma de decisiones vitales justo cuando nuestra empresa estaba entrando en el increíblemente competitivo mercado de la informática durante la década de los 90. De hecho, la parálisis se estaba expandiendo a áreas que no tenían nada que ver con la informática. Que estábamos pasando apuros no era un secreto; nuestras acciones habían caído a 25 dólares.

En ese momento Bill Hewlett y yo, pese a seguir estando activamente en la dirección, decidimos dejar de participar en la dirección día a día de la empresa. Desde donde no podíamos ayudar de forma constante pero sí vigilar los posibles problemas que se pudiesen dar. Gracias a la política de puertas abiertas recibíamos tanto a directivos de HP con problemas, como, cada vez más, cartas de empleados preocupados. Tras un tiempo, Bill y yo empezamos a visitar sistemáticamente complejos HP para hablar con empleados de diferentes niveles y saber qué estaba sucediendo realmente.

Finalmente vimos que lo teníamos que hacer. Se habían construido demasiados niveles en la organización. Y los redujimos. Metimos a un talentoso directivo joven, Lew Platt, en la directiva como director ejecutivo. Su predecesor, John Young, el habilidoso ejecutivo que había dirigido la explosión de crecimiento de la empresa a finales de los 70 y durante los 80, formaba parte del grupo que eligió a Lew. (En 1993, Lew fue ascendido de nuevo a director general de Hewlett-Packard.)

No hay ni qué decir que disolvimos el Computer Business Executive Committee y eliminamos la mayoría de la burocracia. Más importante aún, se dotó de mayor libertad para crear sus propios planes y tomar decisiones a las unidades operativas en el sector de la informática lo que tuvo como resultado una empresa mucho más flexible y ágil.

En 1993 nuestras acciones habían subido a 70 dólares. En la actualidad están a unos 100 dólares y a punto de ser divididas.

Los sistemas de HP cada vez incluyen más productos de diferentes grupos y divisiones, y aunque una organización esté muy descentralizada, se tendría que recordar a su personal regularmente, que la cooperación entre individuos y los esfuerzos coordinados entre las unidades operativas son esenciales para el crecimiento y el éxito. Aunque minimicemos la dirección corporativa en HP, nos consideramos una sola empresa, con la flexibilidad de una pequeña empresa y la fortaleza de una grande, ya que podemos hacer uso de recursos y servicios a nivel global; compartimos estándares, valores y cultura; tenemos objetivos y metas comunes; y una misma identidad a nivel global.

Capítulo 11
Dirigir la organización

Ninguna política operativa ha contribuido más al éxito de Hewlett-Packard que la política de "dirección por objetivos". Pese a que el término es bastante nuevo en el léxico empresarial, la dirección por objetivos ha sido parte fundamental de la filosofía de HP desde sus comienzos.

MBO (siglas en inglés de Management By Objective), como se suele llamar, es la antítesis de la dirección por control. La última se refiere a un sistema de dirección controlado estrechamente como la militar, donde a los empleados se les asignan, y se espera que las cumplan, tareas específicas, y las harán exactamente como se les ha dicho sin necesidad de saber sobre los objetivos generales de la organización. La dirección por objetivos, por otro lado, hace referencia a un sistema donde éstos están claramente definidos y pactados, y en el que se le dé a las personas flexibilidad para trabajar hacia esos objetivos de la forma que ellos crean más conveniente en sus áreas de responsabilidad. Es la filosofía de la descentralización directiva y la esencia de la iniciativa individual.

Muchas empresas han reconocido los grandes beneficios que aportan la descentralización y la dirección por objetivos. También se ha visto que el concepto de personas trabajando juntas hacia un mismo objetivo y en una atmósfera de libertad individual no es nada nuevo. Lo demostraron los atenienses contra los espartanos hace más de 20 siglos. Es muy evidente, tanto por la historia como por las experiencias actuales en el mundo de los negocios, que una organización que ofrece oportunidad de desarrollar la iniciativa personal rinde más que una en la que se opere mediante directivas corporativas y con un estrecho control.

Debo puntualizar que la exitosa práctica de la dirección por objetivos es un arma de doble filo. Los directivos a todos los niveles han de asegurarse de que su personal comprende claramente cuáles son los objetivos de la empresa, cuáles son los objetivos específicos de su división o departamento. Por lo tanto, los directivos tienen la fuerte obligación de fomentar la buena comunicación y el entendimiento mutuo. A la inversa, sus trabajadores han de poner el interés suficiente en su trabajo para planificar, proponer soluciones para antiguos problemas y para beneficiarse cuando alguien tenga algo que aportar.

Peter Druker, el conocido consultor empresarial, se pronunció sobre esta materia en una entrevista que se publicó en el número de primavera de 1993 de la *Harvard Business Review*. Drucker habla de lo que llama la Sociedad Post Capitalista, y les dice a los directivos que en un entorno empresarial, en esta nueva sociedad, «tendrán que aprender a dirigir en situaciones donde no tengan la autoridad, donde ni controlen ni sean controlados». Luego puntualiza que «en la organización tradicional, la organización de los últimos 100 años, el esqueleto, o estructura interna, era una mezcla entre rango y poder. En la organización emergente ha de ser una combinación de entendimiento mutuo y responsabilidad».

A pesar de que no se puede decir que Hewlett-Packard sea una organización emergente, el entendimiento mutuo y la responsabilidad han sido durante muchos años características del estilo de dirección de HP.

Los directivos han de asegurarse de que su personal comprende claramente cuáles son los objetivos de la empresa y cuáles son los objetivos específicos de su división o departamento, como ya he dicho. También es esencial que los directivos tengan un profundo conocimiento y entendimiento del trabajo que realiza su grupo. De ahí el debate que hay entre los empresarios desde hace años. Hay quien dice que los buenos directivos pueden dirigirlo todo; pueden dirigir bien sin conocer a fondo lo que dirigen; que son sus habilidades como directivo las que importan.

No digo que no se pueda dirigir sin tener un profundo conocimiento en la materia, pero sí defiendo con fervor la idea de que el máximo rendimiento en el puesto sólo lo podrá lograr un directivo que tenga un genuino y profundo conocimiento de lo que se hace. No entiendo cómo pueden los directivos saber qué estándares buscar, ni siquiera qué rendimiento exigir, o medir los resultados, si no entienden detalladamente la naturaleza del trabajo que intentan supervisar. En HP nos hemos mantenido próximos a esta filosofía y espero que continuemos así.

En HP tenemos una técnica para ayudar a los directivos y supervisores a conocer a sus trabajadores y a entender el trabajo que su gente está haciendo, a la vez que les hace más visibles y accesibles para sus trabajadores. Lo llamamos MBWA, siglas inglesas de "management by walking around", (dirigir paseando). El término, buen término a mi entender, fue acuñado hace muchos años por uno de nuestros directivos, aunque la técnica en sí nació cuando yo trabajaba en General Electric.

Solucionando el problema de los ignitrones

Como ya he comentado, mientras trabajaba en la GE en el departamento de tubos de vacío, tuvieron problemas con la producción de ignitrones, y se me encomendó el trabajo de averiguar por qué fallaban tantos en los tests.

Aprendí todo lo que pude sobre las posibles causas de fallo y decidí pasar la mayoría de mi tiempo en la fábrica, asegurándome de que cada paso del proceso de fabricación se hacía correctamente. Encontré varios casos en los que la información escrita dada al personal de fábrica era inadecuada, y trabajé con ellos en cada paso para asegurar que no hubiera errores. Con esta minuciosa atención al detalle, cada tubo del siguiente lote pasó el test final.

Visto en perspectiva, mi decisión de trabajar en el problema de los alternadores con el personal de fábrica tuvo una gran influencia en las políticas de dirección que desarrollamos en Hewlett-Packard. Era el origen de lo que se ha llamado MBWA. Aprendí que la calidad requiere una atención minuciosa a todos los detalles, que todo el mundo ha de hacer un buen trabajo en la organización, que las instrucciones escritas rara vez son adecuadas y que la implicación personal es imprescindible.

Siempre hemos creído que la implicación personal es muy importante a todos los niveles de la organización. También me sirvió cuando fui subsecretario de Defensa de los Estados Unidos en Washington.

En HP descubrimos que las prácticas de la MBWA y la MBO generalmente eran igual de efectivas en nuestros complejos en el extranjero que en los Estados Unidos. Normalmente nuestras divisiones extranjeras las empezaba a dirigir algún experimentado directivo de HP que se hubiese desarrollado en la empresa y en el cual hubiésemos inculcado nuestros principios y valores.

Las revisiones internacionales solían hacerse anualmente. Bill y yo íbamos juntos a esas reuniones. Nuestras visitas siempre incluían un paseo por las instalaciones, lo que nos daba la oportunidad de charlar con nuestros empleados y ver en qué estaban trabajando.

Política de puertas abiertas

Hay ciertas sutilezas y requisitos que hay que cumplir en la MBWA. Por un lado, no todos los directivos lo encuentran natural y fácil de hacer. Y si se hace de mala gana o infrecuentemente no sirve de nada. Tiene que hacerse de forma frecuente, amigablemente, sin fijación con algo en particular y sin programa; pero con interés. Y como su principal objetivo es ver lo que piensa la gente, requiere escuchar.

Relacionada con la MBWA hay otra práctica directiva en Hewlett-Packard, y un principio básico del estilo HP. Se llama la "política de puertas abiertas". Esta política apunta a construir confianza mutua y comprensión, y a crear un ambiente en el que la gente se sienta libre para expresas sus ideas, opiniones, problemas y preocupaciones.

La política de puertas abiertas anima a los empleados que tengan problemas, ya sean tanto de tipo profesional como personal, a que lo hablen con el directivo pertinente. En la gran mayoría de los casos será el superior inmediato. Pero si el empleado se siente incómodo hablando con él, podrá ir a niveles superiores a hablar de malentendidos o cualquier otro tipo de problemas que haya tenido. Nos hemos dado cuenta de que la gente no es reacia a explicar problemas o preocupaciones que tengan y que los directivos suelen encontrar soluciones satisfactorias bastante rápidamente. Tiene que quedar muy claro por los supervisores y directivos que los empleados que utilicen las puertas abiertas no podrán sufrir represalias ni ningún otro tipo de consecuencias adversas. Se me suele preguntar cuánto se usa la política de puertas abiertas en HP. Se usa con frecuencia, y respondiendo a otra pregunta, sí, Bill y yo hemos participado en comunicaciones de puertas abiertas con empleados, normalmente relacionadas con cuestiones generales más que por motivos personales.

La política de puertas abiertas es muy importante en HP porque caracteriza el estilo de dirección al que nos dedicamos. Significa que los directivos están disponibles, abiertos y receptivos. Todo el personal de HP, incluido el director general, trabaja en oficinas abiertas. Esta disponibilidad tiene el inconveniente de que siempre te pueden interrumpir. Pero en HP creemos que las ventajas de la accesibilidad superan con creces sus inconvenientes. La política de puertas abiertas forma parte de la filosofía de la dirección por objetivos. También es un procedimiento que fomenta, quizá asegura, que la comunicación fluya tanto de arriba hacia abajo como viceversa.

HP se considera una empresa extraña en tanto que durante los primeros 18 años de existencia trabajamos sin departamento de personal. Eso no es porque Bill o yo tuviésemos nada en contra de los departamentos o directores de personal, era por el énfasis que poníamos en las relaciones entre los directivos y sus trabajadores, particularmente por la necesidad de los directivos de ser accesibles para sus trabajadores y sensibles a sus problemas y preocupaciones. Creíamos que la presencia de un departamento de personal podría suplantar o interferir en esta relación directa empleado-directivo. En 1957, cuando creamos un departamento de personal, tuvimos mucho cuidado al establecer sus roles y responsabilidades. Era para darle soporte a la dirección, no para suplantarla.

La gente que nos visita se suele dar cuenta y nos comenta otra faceta del estilo HP: nuestra informalidad y el uso de los nombres de pila para dirigirnos los unos a los otros. Bill y yo hemos creído siempre que se trabaja mejor en una atmósfera informal y confortable donde la gente se llame por su nombre. Como todas las grandes empresas, HP tiene organigramas. Y como en todas las empresas que crecen, nuestros organigramas están sujetos a frecuentes cambios. Creemos que sirven como guía general de cómo está organizada la empresa, dónde hay una división, un grupo o una organización. Pero un organigrama nunca dicta los canales de comunicación que ha de usar el personal. Queremos que nuestros trabajadores se comuniquen unos con otros de la forma más directa posible, guiada por el sentido común en vez de por las líneas y recuadros de un gráfico. Para llevar a cabo una tarea se espera que cada uno busque información de la mejor fuente posible.

Es importante evaluar a las personas regularmente. También es importante mantenerlas al corriente del rendimiento de su división o departamento. Para llevarlo a cabo los directivos de HP usan charlas de cafetería u otras reuniones informales. Publicaciones internas, películas o grabaciones son buenos medios de comunicación, pero no hay nada mejor que la comunicación personal bi-direccional para fomentar la cooperación y el trabajo en equipo y para crear una actitud de confianza y comprensión entre los empleados.

Sucesiones en la dirección

Una importante responsabilidad de los directivos es seleccionar y entrenar a sus potenciales sucesores. La sucesión directiva es especialmente delicada en los niveles más altos de la organización, donde un directivo puede ser responsable de una amplia gama de actividades complejas que supongan un gasto de varios millones de dólares y el esfuerzo de varios miles de trabajadores.

Durante los primeros años de Hewlett-Packard, como cualquier otra empresa pequeña, no le dimos mucha importancia a la sucesión directiva. Pero a medida que la empresa creció, la selección de la persona más adecuada para cada puesto se hizo cada vez más importante. El tamaño creciente y la diversificación de las operaciones de HP provocaron un crecimiento del entramado directivo a igual ritmo e hizo que fuera importante crear un buen proceso de selección de directivos.

El proceso tenía varios elementos, pero sus raíces están en nuestra dirección por objetivos establecida ya hacía tiempo. Bajo el principio de la MBO, los directivos a todos los niveles tienen la oportunidad de mostrar sus habilidades, de desarrollar planes, de tomar y evaluar decisiones y de liderar a sus trabajadores. Los directivos suelen tener muchas responsabilidades, y quizá no haya mejor ejemplo que el de dirigir una división o unidad de negocio de HP. Estos directivos, bajo la MBO y nuestra estructura descentralizada, tienen la responsabilidad de una línea de productos entera y de su rendimiento. A efectos prácticos están llevando un pequeño negocio, con todo lo que ello conlleva. Y la mayoría de ellos lo hacen ya al principio de sus carreras. Esto tiende a crear generaciones ininterrumpidas de directivos jóvenes con experiencia en llevar un negocio de HP.

Siempre hemos intentado que nuestro equipo de alta dirección conozca a los jóvenes directivos de la empresa. Uno de los métodos que utilizábamos en el pasado era en las reuniones por divisiones. Cada división era visitada como mínimo una vez al año por Bill, por mí, por Barney Oliver, Noel Eldred, y otros directivos de alto nivel. Nos pasábamos un día entero revisando las operaciones de la división, centrándonos en sus programas de desarrollo de producto. En esas reuniones les pedíamos tanto a los directivos de la división como a las personas claves que les informaban a ellos, que nos hiciesen una presentación. Esto nos daba la oportunidad de ver las habilidades de los jóvenes directivos y cuán bien estaban haciendo su labor de capacitación de los empleados y de desarrollo. Una comida con ellos, junto con la reunión, nos daba la oportunidad de conocernos de una forma más informal.

En la actualidad es imposible hacer una revisión anual a cada una de las divisiones de la empresa. Así que a cada una de las divisiones la revisa regularmente su grupo de dirección, y a cada grupo lo revisa la alta dirección. Pese a que el formato es diferente se han conservado los beneficios que se derivan de estos procesos de revisión.

Hace muchos años Bill y yo establecimos un proceso similar de revisión en las reuniones anuales de directivos de la empresa. Normalmente dentro de las reuniones una unidad organizativa como un grupo de producto, una unidad de ventas, un departamento, hace una presentación sobre su área, lo que hace que el resto de los directivos esté más familiarizado con la empresa y con las personas que la dirigen. En algún momento alguno de los directivo con más antigüedad es nombrado para el consejo de administración, y es importante que conozca y ver las habilidades de los directivos.

En los últimos años la empresa ha desarrollado otros caminos más estructurados para evaluar a los directivos intermedios y su potencial para mayores responsabilidades. De forma regular el director ejecutivo, Lew

Platt, reúne a la alta dirección para hacer una larga revisión del rendimiento de los grupos directivos. Tratan grupo a grupo sus beneficios, la utilización del activo, el crecimiento de las ventas, la calidad del producto, la satisfacción de los clientes, temas de personal y demás asuntos que dependen de ellos. Lew también se reúne periódicamente con un comité de la directiva, el Organization Review and Nominating Committee, para revisar el rendimiento de los altos directivos.

Promoción interna

Siempre he pensado que las empresas de más éxito practican la promoción interna. Hasta la década de los 60, cuando entramos en el negocio de la informática, era raro ver un directivo clave que no se hubiese formado en la empresa. Nuestra entrada en el negocio de la informática cambió un poco las cosas. Necesitamos expertos en esa materia, y la mayoría de estos expertos estaba disponible sólo fuera de la empresa. La mayoría de personas que se unieron a nosotros, además de hacer importantes aportaciones para fortalecer nuestra tecnología informática, se adaptaron bastante rápidamente a la cultura de HP. Algunos no lo hicieron y decidieron marcharse.

Mucho antes de retirarnos, Bill y yo estuvimos hablando y pensando en quién nos debía suceder. John Young fue nuestra elección por muchas razones. En 1977 se le nombró director general. Bill siguió como director ejecutivo y yo como presidente. Esto fue una buena transición, cuando Bill se retiró en 1978 John pasó a ser director ejecutivo y trabajó en los dos cargos hasta 1992 cuando cumplió 60 y se retiró. John hizo un trabajo excepcional en la empresa. Cuando se retiró la dirección eligió a Lew Platt como su sucesor, mientras Bill y yo seguíamos de cerca la sucesión. En la actualidad Lew realiza las funciones de presidente, director general y director ejecutivo.

Prácticamente todos los directivos que han trabajado o trabajan en la alta dirección de Hewlett-Packard han tenido experiencia técnica. John Young, por ejemplo, es licenciado en ingeniería electrónica, y Lew Platt en ingeniería mecánica. También se beneficiaron de tener varios puestos dentro de la organización, incluyendo algunos que requerían buenos conocimientos en electrónica y tecnología informática.

En los últimos años, la mayoría de jóvenes que llegan a HP tienen la carrera en ingeniería o ciencias y un MBA. Pese a que no soy un defensor de la educación empresarial formal, está claro que cualquier persona que aspire a tener un puesto directivo de importancia en HP habrá de tener una buena base en todos los aspectos de las finanzas y los negocios.

Capítulo 12
Responsabilidad social

Tengo fuertes recuerdos de los años de la Depresión en Pueblo, Colorado, en la década de los 30. Aunque nadie de nuestro barrio se consideraba rico, había familias pobres sin prácticamente ingresos. Los que eran lo suficientemente afortunados para tener medios de hacerse cargo de sus familias compartían voluntariosamente con aquellos que no podían conseguir comida, ropa o refugio. Esta experiencia personal me dejó una impresión duradera sobre la importancia de la atención y la implicación personal.

Entre los objetivos de Hewlett-Packard, Bill Hewlett y yo establecimos el de reconocer la responsabilidad de la empresa de ser un buen ciudadano corporativo.

La responsabilidad hacia la sociedad en la que una empresa opera ahora es algo ampliamente reconocido y aceptado por el mundo empresarial estadounidense. Pero no siempre ha sido así. Recuerdo una conferencia a la que asistí a finales de los años 40 con personas procedentes de diversos sectores y organizaciones. Empezamos a hablar sobre si las empresas tenían responsabilidades más allá de dar beneficios a sus accionistas. Yo expresé mi visión de que sí, de que teníamos importantes responsabilidades hacia nuestros empleados, nuestros clientes, nuestros proveedores y hacia el bienestar de la sociedad en su conjunto. Me sorprendió y desilusionó ver que la mayoría de los demás estuviera en desacuerdo conmigo. Sentían que su única responsabilidad era generar beneficios para los accionistas.

Mirando hacia atrás, supongo que no debería haberme sorprendido. Durante las primeras décadas del siglo XX, el beneficio era el único objetivo del hombre de negocios. La mano de obra se consideraba un artículo de consumo que se podía comprar y vender en el mercado.

Actualmente Hewlett-Packard opera en muchas comunidades distintas de todo el mundo. Inculcamos a nuestra gente que cada una de estas comunidades debería estar mejor con nuestra presencia. Esto quiere decir ser sensible a las necesidades e intereses de la comunidad; quiere decir aplicar los más altos niveles de honestidad e integridad a todas nuestras relaciones con individuos y grupos; significa mejorar y proteger el entorno físico y construir plantas y oficinas atractivas de las que se pueda enorgullecer la comunidad; significa aportar talento, energía, tiempo y apoyo económico a los proyectos de la comunidad.

En HP llevamos mucho tiempo animando a nuestra gente, como individuos, a participar en proyectos y organizaciones que tengan como objetivo beneficiar a la comunidad local o a la sociedad en su conjunto. Bill Hewlett y yo empezamos a participar en actividades fuera de HP ya en 1948, cuando empecé a tomar parte en el consejo escolar de Palo Alto. Bill, entretanto, estaba activo en el Instituto de Ingenieros de Radio, la sociedad nacional para ingenieros eléctricos, de la que fue presidente en 1954. Con este cargo Bill conoció a miembros del Instituto de todo el país. Como muchos de estos ingenieros eran clientes reales o potenciales de HP, su presidencia fue de gran utilidad a la empresa.

Participación en el Consejo de Stanford

En 1954 me pidieron que pasara a formar parte del Consejo de Stanford. Wally Sterling había sido nombrado presidente de la Universidad, y había planes para aumentar y reforzar el cuerpo docente, además de mudar la facultad de Medicina desde San Francisco al campus de Palo Alto. Cuando empecé a participar en el consejo, Jim Black, otro consejero y presidente de la Compañía de Gas y Electricidad del Pacífico, me fue de gran ayuda. Conocía a los presidentes de las principales universidades privadas del país y, gracias a su mediación, yo les pude conocer.

Juan Trippe, presidente de Pan American Airlines, era el presidente del consejo de la universidad de Yale, y Neil McElroy, el presidente del consejo de Harvard. Ellos y los presidentes de los consejos de muchas otras prestigiosas universidades pensaban que estas escuelas debían considerarse las universidades líderes de todas. En 1958 me eligieron presidente del consejo de Stanford, de modo que fui incluido en este grupo. Recuerdo nuestra reunión con los congresistas Melvin Laird y John Fogarty, de Wisconsin y Rhode Island respectivamente. Su comité –el subcomité de salud, educación, bienestar y trabajadores del Comité sobre Apropiación– era el grupo del Congreso que autorizaba las asignaciones fijas de los contratos federales de investigación con dichas universidades. Le pedimos que autorizara un 15% de asignación para las universidades líderes, con lo que estuvo de acuerdo. Fue la única vez que me reuní con Mel Laird antes de que le nombraran secretario de Defensa de los Estados Unidos y se convirtiera en mi jefe en el Pentágono unos diez años más tarde.

A mediados de los 60, las principales universidades fueron pioneras en la eliminación de los programas ROTC (de formación de los reservistas) de sus campus, y en algunos casos también de algunas actividades de apoyo que yo consideraba que no se hacían en el mejor interés de las universidades. En el Consejo de Fundaciones de la ciudad de Nueva York di un discurso que recibió una importante atención. Urgí a que aumentara el soporte empresarial en forma de mayores aportaciones a las universidades, pero sugerí que tales contribuciones se identificaran para usos concretos. Muchas personas del mundo universitario estuvieron en desacuerdo conmigo, pero es así como yo lo sentía entonces.

Durante los 16 años que pasé en el consejo de Stanford los consejeros y la universidad se enfrentaron a grandes retos y se implicaron en algunos proyectos importantes. Uno fue dedicar unos terrenos de Stanford para uso comercial e industrial. Tras reservar casi la mitad de los 8.800 acres de Stanford para usos futuros, los consejeros y directivos de la Universidad se embarcaron en un programa de cesión selectiva de terrenos restantes. Así nació el centro comercial Stanford, de gran éxito, y más adelante el parque industrial de Stanford, cuyo principal inquilino era Varian Associates. El parque es ahora el hogar de varias empresas de alta tecnología, entre ellas Hewlett-Packard.

Como he mencionado antes, uno de los principales eventos durante mi mandato como presidente del consejo fue el traslado de la escuela de Medicina y del hospital de Stanford desde San Francisco hasta Palo Alto, donde se construyeron un nuevo centro médico y hospital en su campus. Su construcción fue un proyecto conjunto de Stanford y la ciudad de Palo Alto. La escuela de Medicina había estado en San Francisco durante décadas, y muchos de los médicos eran reticentes −algunos incluso estaban completamente indignados− por tener que trasladarse a Palo Alto. Al final, sin embargo, se hizo el traslado y se demostró que fue muy beneficioso para los docentes médicos y el personal, para Stanford y para la comunidad. Bill Hewlett, que siempre había tenido un gran interés en la medicina y la educación, fue el presidente del centro médico y del hospital desde 1958 hasta 1962.

Tuve el privilegio de contar con el antiguo presidente del consejo de Stanford, Herbert Hoover, como amigo y mentor durante mi paso por esta institución. El presidente Hoover de hecho había pertenecido a la primera promoción de Stanford. Fue consejero de Stanford desde 1912 hasta su muerte en 1964. La devoción de Hoover por el bienestar de la humanidad fue un factor de motivación durante toda su vida. Sus muchos años de servicio público tuvieron un gran efecto en la construcción de un mayor nivel ético. Apoyaba muy firmemente las posturas en las que creía.

Durante mi período como presidente del consejo de Stanford tuve un encuentro especialmente difícil con el presidente Hoover. Le preocupaba que Wally Sterling, entonces presidente de Stanford, permitiera al cuerpo docente ocuparse del nombramiento del consejo de supervisores de la Institución Hoover de Stanford.

El presidente Hoover quería que su institución demostrara los horrores del comunismo. El personal docente mantenía que la investigación de la institución no debía tener los resultados determinados por adelantado. Dediqué un tiempo considerable a intentar reconciliar estos dos puntos de vista. Una vez al mes viajaba a Nueva York para desayunar con el presidente Hoover en la soleada esquina de su apartamento en las torres Waldorf. La situación era especialmente difícil para mí porque Lucile y yo éramos muy buenos amigos de Easton Rothwell, director de la institución Hoover, y el presidente Hoover quería sustituirlo por Glenn Campbell, a quien conocía desde hacía algún tiempo.

Finalmente resolvimos el problema. El donante, el presidente Hoover, tenía derecho a decir lo que quería que hiciera su institución. Al mismo tiempo la investigación debía ser amplia y objetiva y no estar sujeta a ningún resultado preconcebido. Desgraciadamente, el presidente Hoover no estaba seguro de que los consejeros se atendrían a esto, así que se llevó sus papeles personales a su casa de West Branch, Iowa.

Años más tarde, el presidente Hoover a menudo nos invitó a Lucile y a mí a visitarle en su casa flotante en Cayo Largo, Florida, durante una semana en enero. Esto nos dio la inusual oportunidad de conocerle mejor. Allí estábamos en 1961 cuando el presidente John Kennedy empezó su mandato. El presidente Hoover voló a Washington, pero estaba nevando, así que volvió a Cayo Largo, donde Lucile y yo y el presidente miramos la toma de posesión en televisión.

El presidente Herbert Hoover con Lucile Packard, hacia 1960. La fotografía tiene la inscripción: «A la señora Packard con afecto, Herbert Hoover».

El presidente Hoover era un ferviente pescador. Era demasiado viejo para ir a pescar cuando visitábamos Cayo Largo, pero siempre hacía que su guía favorito estuviera a nuestra disposición para llevarnos de pesca a Lucile y a mí. Él bajaba hasta el muelle para decirnos adiós y nos venía a buscar a la vuelta. Había escrito un libro llamado *Fishing for Fun and to Wash Your Soul*. Decía en él que «todos los hombres son iguales a los ojos de los peces». Pasamos noches muy entretenidas escuchando las historias de su agitada vida.

Muchas otras personas de HP han sido consejeros de las universidades en las que estudiaron, incluyendo a Bill Hewlett (Stanford, 1963-1974). Y desde luego miles más han estado implicados en actividades de recolecta de fondos y de otro tipo en beneficio no sólo de sus propias universidades, sino de todos los niveles educativos a lo largo y ancho de los Estados Unidos y en el extranjero. Algunas de estas personas han tomado excedencias en su trabajo o han sido "prestadas" por la empresa para enseñar o crear programas educativos especiales.

En sus comunidades locales la gente de HP a menudo participa en comisiones de planificación, consejos escolares, jefaturas de tráfico, ayuntamientos y otras organizaciones encargadas de responsabilidades comunitarias. Algunos son elegidos, otros trabajan voluntariamente. En esta última categoría en 1973 hubo un equipo de ingenieros de HP, encabezado por el vicepresidente Barney Oliver, que ayudó a resolver un problema con los avisos de detección de trenes en el nuevo sistema de tránsito rápido de la zona de la Bahía de San Francisco (BART). La solución propuesta por el equipo de voluntarios de HP, que no tuvo coste alguno para el BART, permitió que el sistema funcionara con toda efectividad y seguridad.

La gente de HP se ha presentado a las elecciones locales. En los años 50 nuestro compañero de clase, Ed Porter, fue regidor del Ayuntamiento de Palo Alto y alcalde durante cinco años consecutivos, e incluso llegó a ser el líder de la Liga de Ciudades Californianas: un alto tributo para un alcalde de una ciudad de sólo unas 50.000 personas.

Pero la implicación de la gente de HP en sus comunidades locales no dejaba de presentar sorpresas y dificultades. En los años 70 se produjo un embarazoso incidente en la comunidad de la planta HP de Loveland, Colorado. Para las elecciones locales, tres empleados de HP se presentaban a la alcaldía, y los tres presentaron su candidatura, sin que los otros lo supieran, el último día permitido. Algunos miembros de la comunidad no estuvieron muy contentos de tener a tres personas de la misma empresa presentándose al mismo tiempo, y uno de los directores de Loveland intentó persuadir al menos a uno de los candidatos para que abandonara. No lo consiguió, pero debido a la publicidad, los tres candidatos de HP perdieron. Aunque el incidente fue embarazoso, demostró claramente que la implicación de los empleados de HP en la comunidad es una cuestión personal.

En los años 60, a medida que la empresa empezaba a crecer y a expandirse más allá de Palo Alto, el potencial de proporcionar beneficios tanto a la empresa como a la comunidad nos guiaba en la selección de la ubicación de las próximas plantas. Durante años hemos escogido emplazamientos cercanos a buenas universidades y aeropuertos, que proporcionen trabajadores cualificados, con altos niveles medioambientales, y que sean lugares atractivos para vivir y trabajar.

También es importante que la futura comunidad quiera la empresa en lugar de simplemente tolerar su presencia. La comunidad debe estar convencida de que su nuevo vecino, además de proporcionar puestos de trabajo, será un buen ciudadano y un catalizador para la mejora de la comunidad.

En los niveles estatal, nacional e internacional, Bill y yo siempre hemos animado a nuestra gente para que ejerza su derecho al voto y a expresarse sobre cuestiones que afectan directamente no sólo al negocio sino a la sociedad en su conjunto. Creo firmemente que tenemos la responsabilidad de votar sea cual sea nuestra opinión sobre los candidatos y las cuestiones.

Aplicar las políticas de gestión de HP en el Departamento de Defensa

Hewlett-Packard ha vendido sus productos al Departamento de Defensa (DOD) desde sus inicios, sobre todo nuestra línea de instrumentos de medida electrónicos. Pero también hemos vendido productos hechos siguiendo los diseños y las características militares. Nunca había pensado en ningún tipo de implicación personal en el DOD hasta que recibí una llamada telefónica de Mel Laird que tuvo como resultado que acabara siendo su adjunto en 1969, 1970 y

1971. También fui miembro de diversas comisiones asesoras en los años siguientes.

La llamada

En diciembre de 1968 Bill y yo estábamos cazando en el rancho de Merced cuando recibí una llamada de Mel Laird, a quien no había visto desde nuestra reunión acerca de las principales universidades en 1959. Me pidió que le diera algunos nombres de la comunidad empresarial que pudiera tener en cuenta para trabajar con él en el Pentágono ya que el presidente Richard Nixon lo acababa de nombrar secretario de Defensa.

Le di algunos nombres de personas que podía tener en cuenta, y me llamó de vuelta y me pidió que me reuniera con él en Washington. Así que nos encontramos en el aeropuerto de Baltimore una tarde. Condujimos hasta su cuartel general en el Hotel Carlton y hablamos sobre algunas de las cosas que quería hacer cuando asumiera el cargo. Al cabo de unas horas de discusión me dijo que quería que yo fuera su subsecretario. Sonaba muy interesante, pero las exigencias relativas a los conflictos de intereses eran muy estrictas. Tendría que renunciar a todos mis ingresos procedentes de las acciones de HP y de cualquier aumento de capital a favor de alguna entidad sin ánimo de lucro durante el período que trabajase en el departamento de Defensa. Le dije que me interesaba unirme a él y que en los próximos días le diría si podía hacerlo, que lo tendría que discutir con mi esposa, Lucile, con Bill Hewlett y con los directores de nuestra empresa, además de con algunos amigos que conocían algo el departamento.

Volví a Palo Alto y estuve aproximadamente una semana pensando en ello. Lucile creía que necesitaba un cambio y que debía hacerlo. Sabía que Bill Hewlett podía dirigir la empresa tan bien como yo y que contaba con un fuerte equipo directivo para apoyarle. Había algunas entidades a las que quería ayudar, y teniendo en cuenta todos los aspectos de la situación –incluyendo el hecho de que creía que era mi deber servir a mi país– decidí unirme a Mel Laird como su subsecretario.

Le dije a Mel que aceptaba el trabajo y pasé la mayor parte del tiempo antes de la toma de posesión en enero trabajando con Mel para planificar lo que haríamos.

Sabía que Robert McNamara, secretario de Defensa durante los años Kennedy y Johnson, había alejado a los militares del departamento. Se contaban muchas historias acerca de los encontronazos de McNamara con los militares de alto rango. Una tenía que ver con el bloqueo para acabar con la construcción de misiles soviéticos en

Dave Packard jurando como subsecretario de Defensa de los Estados Unidos en 1969. De izquierda a derecha: Melvin Laird, secretario de Defensa, Lucile Packard y Dave Packard.

Cuba, una situación que se conoció como la crisis de los misiles de Cuba.

Bob y su adjunto llamaron al almirante George Anderson, jefe de las operaciones navales, para darle instrucciones sobre el bloqueo. Dicen que la respuesta del almirante Anderson fue: «Usted y su adjunto vuelvan a sus oficinas. La Marina se encarga del bloqueo.» Creo que Bob McNamara tenía razón. Debía tener voz y voto como representante de la Administración sobre cómo debía manejarse el bloqueo.

Gestión participativa

Mel quería implantar un plan que denominó gestión participativa, y esto encajaba bien con las políticas HP que quería utilizar aquí.

Poco después de mi llegada al Pentágono, llamé a los cuatro jefes de Estado Mayor a sus oficinas y les dije que quería trabajar con ellos y que necesitaba su ayuda.

Bill y yo hacíamos una cacería de ciervos cada año en nuestro rancho de San Felipe, al sudoeste de San José. Él y yo llevábamos toda la comida, cocinábamos, servíamos y lavábamos los platos con ayuda de nuestros invitados. Con espíritu de amistad y colaboración, invité a los cuatro jefes de Estado Mayor a que se unieran a nosotros en la cacería de 1969. Vinieron y cada uno cazó un ciervo. Cuando era la hora de lavar los platos se subían las mangas y nos ayudaban. Aquella cacería ayudó a establecer una buena relación con ellos. Los años siguientes hice que un servicio de *catering* se encargara de la comida, y continué invitando a algunos de los jefes de Estado Mayor durante los años que estuve en el Pentágono y unos cuantos más una vez había regresado a HP. De hecho, acabamos siendo bastante buenos amigos.

Había un comité de subsecretarios que preparaba todos los documentos sobre cuestiones de seguridad para el gabinete Nixon. Henry Kissinger era el presidente; yo representaba el DOD; Dick Helms, a la CIA; Elliot Richardson, al Departamento de Estado; Lee Dubirdge y luego Ed Davis eran los asesores científicos del presidente; Jim Schlesinger representaba a la oficina de presupuestos; a veces también participaban otras personas, según la cuestión que hubiera que tratar.

Nuestro primer encargo del presidente Nixon fue considerar qué parte del presupuesto de Defensa se podía reducir para proporcionar más dinero para los programas nacionales. La intención era implementar la Doctrina Nixon, que era pedir a los países a los que financiábamos para que tuvieran su propia seguridad con nuestra ayuda, que trabajaran por la paz mundial y que dependieran de la negociación en vez del conflicto armado.

Yo apoyé esta iniciativa porque creía que iba en la dirección correcta. Pero la política no podía funcionar a menos que tuviera el apoyo de la fuerza militar, y estaba bastante seguro de que podíamos proporcionar la fuerza adecuada con menos financiación. Les dije a los jefes militares que quería que participaran en la decisión sobre dónde se deberían hacer las reducciones de presupuesto. También les dije que cuando hubiera tomado una decisión, le pediría a cada uno de los servicios afectados que participara en una sesión conmigo antes de presentar la reducción propuesta al comité de subsecretarios.

Tuvimos que hacer importantes recortes en sólo unas semanas, y recibimos muy buen apoyo de los militares profesionales.

Compras

Uno de los legados desafortunados de la administración anterior fue el plan de "paquete total de compras". Según este plan, los contratistas que quisieran ofertar armas tenían que ofertar todo el trabajo de desarrollo, ensayo y fabricación. Esto puede ser bueno en teoría, pero era simplemente imposible hacer una oferta de un sistema armamentístico que aún no se había desarrollado.

Casi todos los programas cubiertos por esta política tenían problemas, y tuvimos que encontrar el modo de resolverlos. El C5A era un gran avión de transporte cuyas características se podían haber rebajado en muchos puntos sin reducir su capacidad de forma importante. Cuando ofrecimos reducir esas características, los abogados nos dijeron que tendríamos que reducir el precio porque se trataba de un contrato válido. Esto nos puso en una difícil situación, y al final tuve que volver al Congreso para conseguir más dinero para salvar estos programas.

Un problema que se presentó poco después de mi nombramiento, tenía que ver con los suministros que comprábamos a tres fábricas textiles sureñas. La administración anterior nos dejó el problema y pensaba que tropezaríamos con él. Estas fábricas no habían alcanzado el nivel de empleo de minorías al que estaban obligados.

Por suerte, yo había tenido cierta experiencia en una situación parecida cuando en HP quisimos aumentar las oportunidades de la gente de East Palo Alto, una comunidad predominantemente negra. Mientras en HP estábamos luchando con esta cuestión, supe del reverendo Leon Sullivan, cuyo Centro Industrial de Oportunidades (OIC) había conseguido resultados positivos para trabajadores industriales de grupos minoritarios en Filadelfia. Le pedí que viniera a ayudarme a establecer un programa similar en East Palo Alto, y juntos montamos el Centro Industrial de Oportunidades del Oeste (OICW). Para hacer este trabajo invité a todos los consejeros delegados de las compañías de la zona a que se unieran a nosotros para asegurarnos de que los graduados del OICW tendrían empleo, y el proyecto fue un gran éxito.

Decidí que iba a hacer lo mismo con esas tres fábricas. Conocía personalmente a dos de los directores ejecutivos, y me puse en contacto con los tres. Les dije que les iba a dar los contratos si me prometían que se implicarían y que se asegurarían de que se consiguiera un buen progreso. Los tres estuvieron de acuerdo.

Concedí los contratos sobre esta base, e inmediatamente el senador Ted Kennedy me pidió que me presentara ante su subcomité para discutir lo que había hecho. Le expliqué que lo había hecho porque había aprendido de mi experiencia en Palo Alto que funcionaría. Le dije que necesitábamos el material y que si no hacían progresos tendría otras oportunidades para hacer algo al respecto.

En sesiones como ésta, los miembros del Senado del partido de la Administración estaban presentes para dar apoyo a la persona que acudía. El senador Everett Dirksen estuvo presente en esta vista en concreto y me dio su apoyo. Nunca olvidaré lo que dijo con su grave voz sobre lo que acababa de hacer: «Tiene más razón que un santo.»

El programa de prototipos

Empecé a observar los sistemas de adquisición de armas de otros países y algunos de los programas de éxito del DOD. Supe que la Desault Company en Francia había sido capaz de diseñar, construir y entregar un prototipo de avión de combate a los militares franceses por unos 25 millones de dólares. En Estados Unidos, la investigación de Lockheed dirigida por Kelley Johnson había proporcionado bastantes aviones de reconocimiento en un tiempo relativamente corto y a un coste razonable.

Hablé sobre estos programas con el Dr. John Foster, jefe de investigación e ingeniería del Pentágono; Barry Shillito, subsecretario de la Marina; y con muchas otras personas, y llegué a la conclusión de que debíamos establecer un programa de prototipos para producir dos prototipos de aviones de combate y muchos otros elementos. Nos liamos un poco describiendo el programa de prototipos con la frase «Vuela antes de comprar», porque no se puede hacer exactamente esto sin alargar excesivamente el programa.

Quería construir dos prototipos de aviones de combate y utilizar el sistema de prototipos en muchos otros proyectos. El Congreso quería que sacáramos el dinero para los prototipos del presupuesto global que habían aprobado. Me resistía porque ya se habían hecho los recortes esenciales en cada servicio. El Congreso me permitió manejar el proyecto de la manera que yo considerara mejor. Dimos un contrato a McDonald-Douglas y produjeron un prototipo, el F16. Northrup obtuvo el segundo contrato para otro prototipo, el F17.

El F16 se ha convertido en el mejor avión de combate del Ejército del Aire, y el F17 –llamado después F18– el mejor de la Armada.

Fiabilidad

Además de las dificultades con las compras hubo una serie de problemas con la fiabilidad del equipo de tubos de vacío que usábamos en todos nuestros aviones. Entre una avería y la siguiente del F4, que en aquel momento era nuestro mejor avión de combate, sólo pasaban unos días. En Vietnam eso quería decir que un F4 sólo podía hacer unas pocas salidas antes de volver a ser reparado. Este problema se resolvió cuando usamos circuitos integrados de gran escala unos años más tarde.

Los jefes de Estado Mayor y el mando unificado

Realmente yo no tenía mucha idea sobre cómo estaba organizado el DOD, pero pronto me di cuenta de que había estado dirigido por un comité: el Estado Mayor. En teoría los cuatro departamentos compraban armas y formaban a las tropas. Luego proporcionaban armas y fuerzas para combatir en los Comandos Específicos y Unificados. El Comando Específico más importante era el Comando de Fuerza Estratégica, que dependía del general Curtis LeMay, con cuartel general en Omaha, Nebraska, y su Puesto de Comando Nuclear en la montaña Cheyenne de Colorado Springs. Como el general LeMay era un líder eficaz, este Comando funcionaba bien.

Los Comandos Unificados estaban en mal estado porque cada servicio decidía dónde depositaba las armas y fuerzas y el Comandante Unificado tenía poco que decir sobre su situación. Además, cada departamento prestaba poca atención a cómo trabajaban sus fuerzas con las de los otros departamentos. El equipo de radio de los Marines no podía comunicarse con el de la Marina. La fuerza aérea tenía una flota de bombarderos B52 estacionada en Guam. Cuando estos B52 fueron llamados a bombardear Camboya no tenían un canal de radio seguro, de modo que el Viet Cong sabía dónde bombardearían desde que dejaron Guam, por lo que sus incursiones fueron simplemente inútiles.

No tuve conocimiento de todos estos problemas durante los tres años que estuve en el Pentágono, pero aprendí lo suficiente como para darme cuenta de que había que hacer un cambio radical. También aprendí que esto es lo que el presidente Eisenhower quería decir en su discurso de despedida cuando avisaba del peligro del "complejo militar-industrial". Los departamentos militares tenían demasiado poder político, y él no pudo hacer los cambios necesarios para reducir este poder durante su mandato. Cuando dejé mi puesto de subsecretario participé en diversas comisiones para el Departamento de Defensa, la última en la Comisión Blue Ribbon sobre la Dirección de la Defensa para el presidente Reagan. Trabajamos estrechamente con los senadores Barry Goldwater y Don Nickels para conseguir que el presidente de la Junta de Jefes de Estado Mayor fuera el único oficial uniformado que aconsejara al presidente sobre cuestiones de seguridad nacional.

Creo, y muchos analistas militares han mostrado su acuerdo conmigo, que nuestro éxito en la Guerra del Golfo fue atribuible directamente a la clara cadena de mando desde el presidente Bush hasta Colin Powell y, a su vez, el general Norman Schwarzkopf y sus comandantes subordinados.

Antes de ir a Washington, incluso la gente que me animaba me avisó de que una carrera en el mundo de los negocios no era muy buena preparación para las frustraciones de la burocracia del Gobierno. Y tenían razón. En aquel momento comenté que trabajar con la burocracia de Washington era como estirar una cuerda de 40 pies por un extremo y esperar que el otro extremo hiciera lo que tú querías.

Los años en Washington también fueron duros para la familia. En las primeras semanas Lucile perdió ocho kilos. Como decía: «Cada mañana, cuando ponía la radio, estaban diciendo algo horrible sobre ti, y eso me estropeaba el desayuno. Luego, al mediodía, cuando volvía a escuchar las cosas eran aún peor, y eso me estropeaba la comida. Luego, cuando llegabas a casa y me contabas el día horrible que habías tenido, eso me estropeaba la cena. Así que, ¿cómo iba a engordar?»

Al cabo de poco tiempo dejó de escuchar la radio.

Hacia finales de 1971, después de tres años en Washington, entregué mi dimisión y volví a California. Durante ese tiempo el valor de HP había aumentado y calculaba que había regalado unos 20 millones de dólares.

Continué participando en diversos grupos relacionados con la defensa a lo largo de los años, a menudo con buenos resultados. Al final estaba bastante contento del éxito que tuve aplicando principios de gestión razonables en el DOD. Mirando hacia atrás siento que el equipo de Mel

Laird contribuyó a realizar un cambio positivo en la capacidad militar de los Estados Unidos. Pero hay un límite definido hasta donde los criterios civiles pueden aplicarse a los militares. Los militares operan según los estándares de conducta más estrictos. Saben que elegir la carrera militar significa comprometer su vida por el país. Son responsables en el campo de batalla y saben que su fracaso puede significar no sólo la pérdida de una batalla, sino la pérdida de una guerra o incluso del país. Su recompensa es el reconocimiento de que han realizado su labor con honor. Si fracasan, se les releva de sus deberes operativos y se les relega a otros puestos.

La vuelta a HP

Cuando volví a California recuperé mi puesto de presidente del consejo de administración de HP, y Bill Hewlett continuó como director general, el papel que había desempañado desde que yo me fui a Washington. También estuve de acuerdo en ser el director de la campaña de reelección del presidente Nixon en California, una tarea que me ocupó gran parte del tiempo el año después de mi retorno.

A lo largo de los años la gente de Hewlett-Packard ha participado no sólo en organizaciones de la comunidad y en organismos del Gobierno, sino también en asociaciones sectoriales y profesionales. Antes he descrito la creación, en 1943, de lo que se conoció como la Asociación de Fabricantes de Electrónica de la Costa Oeste (WCEMA). Su nacimiento fue, en gran medida, resultado de la frustración. Las firmas de la Costa Oeste estaban recibiendo sólo una pequeña parte de los contratos de la II Guerra Mundial procedentes de Washington. Como también había otros problemas que resolver, cuando la guerra acabó la WCEMA siguió creciendo y siendo una voz cada vez más eficaz en el sector.

Bill Hewlett y yo participamos en ella y desde entonces prácticamente cada alto cargo de HP ha estado implicado en un momento u otro en los

Julie Packard y Dave Packard en 1984 en la inauguración del acuario de la Bahía de Monterrey, uno de los proyectos de la fundación de la familia Packard.

puestos clave del grupo. Ahora es una organización nacional llamada AEA (Asociación Electrónica Americana). La necesidad de la AEA y de organizaciones similares queda clara al constatar una característica propia del sector informático y electrónico: estos sectores incluyen a miles de pequeñas empresas, la mayoría demasiado pequeñas para hacer que se oiga su voz o se tengan en cuenta sus opiniones. Necesitan unirse para atender problemas y preocupaciones comunes, para desarrollar las posiciones del sector en cuestiones clave y para ayudar a dar forma a la interacción del Gobierno con el sector.

Filantropía

La responsabilidad social incluye el compromiso de proporcionar alguna medida de apoyo financiero a los necesitados y a las organizaciones que se lo merecen en nuestra sociedad. La filantropía corporativa, que ahora está muy extendida, es un desarrollo bastante reciente. Antes de 1950 no se había establecido claramente que una empresa pudiera hacer donaciones caritativas. Hacia aquella época, sin embargo, algunos hombres de negocios empezaron a hacer donaciones benéficas a algunas instituciones privadas, incluidas muchas universidades. Estas aportaciones fueron llevadas al Tribunal Supremo. En 1953, el Tribunal sentenció que las organizaciones con ánimo de lucro tenían el derecho a hacer donaciones cuando fueran a favor de los intereses generales de la empresa y sus accionistas. Además, las leyes fiscales cambiaron para permitir la deducción de donaciones benéficas de hasta un 5% de los beneficios antes de impuestos. Desde entonces el nivel de donaciones empresariales en los Estados Unidos se ha elevado drásticamente y supera los 6.000 millones de dólares al año.

Hewlett-Packard se encuentra entre las empresas más generosas, y en 1994 hizo donaciones, en dinero y equipos, por valor de 64,4 millones de dólares. Las aportaciones se dirigen, en su mayoría, a comités de empleados voluntarios. Algunas becas de equipos incluyen una combinación de productos, y los empleados voluntarios de las organizaciones de ventas y atención al cliente son clave para garantizar que los equipos se configuran, instalan y utilizan correctamente para satisfacer las necesidades de las organizaciones receptoras. Las becas de equipos se hacen para atender necesidades concretas y bien definidas.

La palabra *filantropía* deriva de la palabra griega que significa "amante de la humanidad". Las iniciativas privadas por el beneficio de la sociedad han existido desde la Antigüedad. Algo distinto de la filantropía empresarial de la Hewlett-Packard Company son las fundaciones filantrópicas que mi difunta esposa y yo fundamos en 1964, y la Fundación William y Flora Hewlett que se fundó en 1966.

Existen muchas maneras de que una empresa, como organización y mediante el esfuerzo individual de su gente, pueda hacer importantes aportaciones a la comunidad y a la sociedad en general. La mejora de nuestra sociedad no es algo que deban hacer algunos pocos; es una responsabilidad que debemos compartir todos.

Epílogo

Cuando pienso en el fenomenal crecimiento de la industria de la electrónica en los últimos 50 años me doy cuenta de lo afortunados que fuimos Bill Hewlett y yo de estar en el punto de partida. Pero esto me recuerda una anécdota sobre mí mismo que me gustaría contar. Durante mi segundo año en Stanford seguí un curso de historia de los Estados Unidos y tuve la oportunidad de estudiar el movimiento hacia el oeste que empezó con los primeros pioneros y que continuó durante el siglo XIX. Recuerdo haberme lamentado de haber nacido 100 años más tarde, de que todas las fronteras ya se hubieran conquistado y de que los de mi generación no hubiéramos tenido oportunidades de ser pioneros. Pero de hecho, durante el siglo XX hemos realizado avances asombrosos.

Durante este siglo la ciencia se ha convertido en el factor dominante en el progreso mundial. Ha habido dos guerras mundiales que quitaron la vida a millones de personas. Pero al final del siglo existen verdaderas perspectivas de que ya no haya más guerras mundiales, aunque parece que continuará durante algún tiempo el sinsentido de matar a personas en conflictos religiosos y étnicos.

En el siglo XX hemos experimentado un progreso vertiginoso, en su mayoría fundamentado en principios científicos establecidos durante muchos años antes. Esta ciencia, en su mayor parte presente al final del siglo XIX, estaba basada en el concepto de que el átomo era la menor partícula del universo, y de que su estructura consistía en un núcleo de protones y neutrones rodeado de anillos de electrones. A partir de este concepto se crearon las tablas periódicas y se desarrolló la bomba atómica.

Al final de la II Guerra Mundial, nosotros y nuestros aliados, por un lado, y la Unión Soviética por el otro, nos embarcamos en un programa masivo de física de alta energía en un intento de conseguir ventaja militar. Ningún bando logró alcanzar este objetivo, pero entretanto se descubrió que el átomo no era la partícula más pequeña del universo, sino que contenía otras diez partículas más pequeñas, con fuerzas débiles y fuertes que no obedecen las leyes de la gravedad de Newton. Usando la vieja noción del átomo podíamos imitar materiales que se producían en la naturaleza, como el diamante. Pero con la nueva comprensión del átomo, podemos crear materiales que no existen en la naturaleza: materiales más duros que el diamante, vidrio dúctil. Este descubrimiento ha abierto las puertas a todo un nuevo campo de oportunidades científicas. Mire donde mire, veo el potencial de crecimiento para un descubrimiento mucho mayor que todo el que hemos visto en el siglo XX.

El crecimiento exponencial está basado en el principio de que el estado de cambio es proporcional al nivel de esfuerzo dedicado. El nivel de esfuerzo será mucho mayor en el siglo XXI que en el XX. Hewlett-Packard Company es un buen ejemplo. A la empresa que Bill Hewlett y yo pusimos en marcha en 1939 le costó 40 años alcanzar unas ventas anuales de 1.000 millones de dólares, y gran parte de ello fue debido a la inflación. En el ejercicio que acabó en octubre de 1994 empezamos el año con 20.000 millones de dólares de ventas mundiales, y al final del año habíamos añadido otros 5.000 millones. Esto sucedió sin prácticamente inflación. Otras empresas tecnológicas han experimentado un crecimiento similar.

Al igual que en el pasado, nuestro crecimiento en el futuro procederá de nuevos productos. En 1994 nos gastamos 2.000 millones de dólares en el desarrollo de nuevos productos. Empezando en 1939, hemos generado al menos seis dólares de beneficio, repartidos en cinco o seis años, por cada dólar que hemos gastado en desarrollo. Y por nuevos productos, quiero decir productos que hacen contribuciones reales a la tecnología, no productos que simplemente copian lo que han hecho otros. Éste debe ser nuestro estándar en el futuro, como lo ha sido en el pasado.

Recientemente se ha discutido mucho sobre el desarrollo de una autopista de la información. Esto puede conseguirse con los productos y la tecnología con los que ya contamos. El siglo XXI, sin embargo, será mucho más que una era de la información. Será una era en la que muchos tipos de nuevos productos contribuirán a una mejor vida para todas las personas del mundo. Nuestra empresa trabajará con ahínco para aportar su granito de arena.